M. LE COMTE DE MUN.

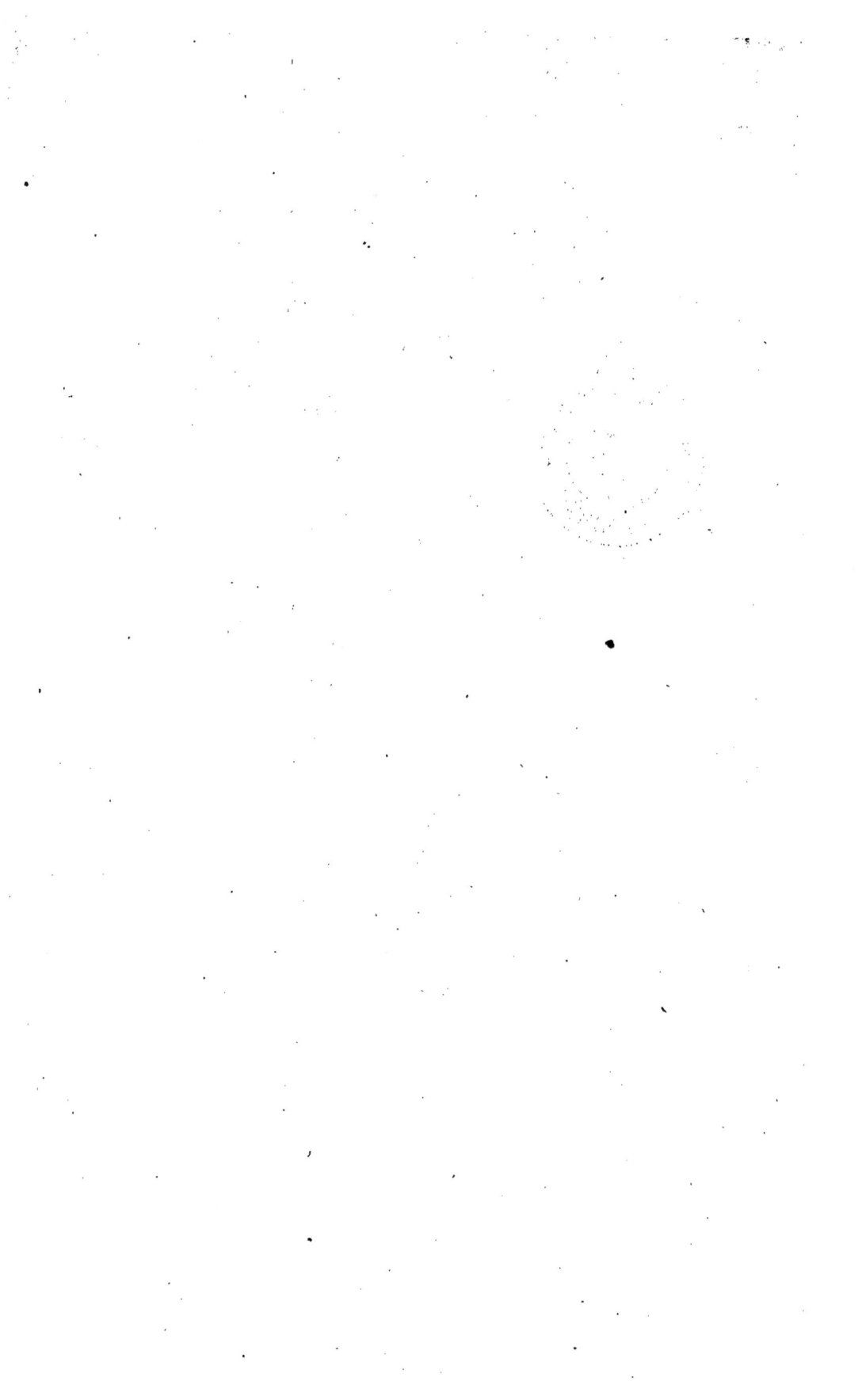

MONSIEUR

LE COMTE DE MUN

ORIGINE — ANTIQUITÉ DE SA FAMILLE

PAR

L'ABBÉ CAZAURAN,

Archiviste du Grand Séminaire d'Auch.

> « Nous ignorons ce que l'avenir réserve
> » à M. de Mun, mais il est certain que la
> » Providence ne le traite pas comme le
> » premier venu. Il semble qu'elle se pré-
> » pare à faire quelque chose de lui. C'est
> » quelque chose d'être désigné parmi ceux
> » en qui une nation s'accoutume à espérer,
> » même quand cette nation n'est que la
> » pauvre France.
>
> » Louis Veuillot. »

PARIS

Librairie de Victor PALMÉ, Editeur

25, rue de Grenelle-St-Germain, 25.

1876.

AU LECTEUR.

La dernière élection de Pontivy a eu, en Bretagne et dans la France entière, le plus grand retentissement. Le résultat le plus heureux de ce scrutin a été de mettre en lumière un homme d'un talent remarquable, devenu depuis quelques mois l'objet de la haine des libres-penseurs et de l'admiration des hommes d'ordre et de foi, sans distinction de parti.

Qu'est-ce que M. le comte de Mun? s'est-on demandé de toutes parts.

Les défenseurs du jeune capitaine ont dit son courage; la noblesse de sa naissance n'est ignorée de personne, à cette heure; mais l'antiquité de sa race échappe encore à la curiosité du public piquée par une vague affirmation des journaux touchant l'origine gasconne de la famille de Mun. Il m'a semblé que je serais agréable aux nombreux amis du député du Morbihan si je retraçais dans un petit nombre de pages la généalogie et l'histoire de ses pères. Les documents, puisés à peu près exclusivement aux archives du Grand Séminaire d'Auch, me guideront dans ce travail. C'est à ces vieilles chartes sauvées des sacri-léges destructions de 93 que nous demanderons les noms des ancêtres de M. Albert de Mun et leurs titres à notre estime, depuis le xii° siècle jusqu'à nos jours.

Il ne faut pas se le dissimuler, bien des faits importants échapperont à notre examen, car la vente de la terre de Mun, consentie par Marie-Anne de Lupé, veuve d'Alexandre de Mun, en 1690, en faveur d'Astorg, seigneur d'Aubarède, a causé la perte d'une foule de pièces essentielles. Les feudistes du Bigorre déploraient ce malheur à la fin du dernier siècle et faisaient, pour le réparer dans la mesure du possible, les recherches les plus actives dans les dépôts de Chartes du pays d'Aquitaine. Tant de zèle ne fut pas récompensé selon les vœux des historiens du temps.

Puis-je me promettre d'être plus heureux ? Ce serait, au moins, de la témérité de ma part. Le van-dalisme de 1793, voulant, ce semble, jeter comme une barrière infranchissable entre les souvenirs féo-daux et notre époque, a détruit les monuments histo-riques péniblement amassés par nos devanciers dans les études généalogiques. Tout n'a pas péri, heureusement, dans les *auto-da-fé* prescrits par les décrets de la Convention. Des mains pieuses, guidées par l'amour du passé, surent arracher aux flammes des papiers précieux que nous appellerions, volontiers, les *Reliques du moyen-âge*. C'est à une partie de ces *Reliques* religieusement gardées à Auch que nous allons demander l'histoire de la famille de Mun.

Ce travail nous paraît assez complet au point de vue généalogique, mais sous le rapport historique, il contient de nombreuses lacunes. Les chartes du Séminaire d'Auch, en nous fournissant des dates précises avec l'énonciation de beaucoup d'événements, sont muettes sur une foule de détails qu'il serait bon de ne pas ignorer. Des recherches postérieures pourront, seules, faire cesser les incertitudes de l'histoire et combler les vœux des annalistes modernes. Les savants désireux d'entreprendre ces études nous sauront gré, sans doute, de leur fournir des indications exactes sur les points vers lesquels ils pourront diriger plus fructueusement leurs investigations.

Les archives du château d'Arblade, en Armagnac, celles de la maison de Bize, du pays de Bigorre, du Nébouzan, n'ont peut-être pas disparu en entier. Leur étude ne projetterait-elle pas un rayon de lumière sur bien des points obscurs? Le château de Montégut, près de Lombez (Gers), possédait avant la révolution une riche collection de documents sur la famille de Mun. L'homme d'affaires de cette maison, nommé Lahirle, écrivait en 1746 à M. d'Astugue, propriétaire de la seigneurie de Mun, *qu'il se faisait fort, moyennant une somme, de lui remettre les titres de cette terre.* Malheureusement, la remise n'eut point lieu; mais ces pièces n'existent-elles pas à Lombez ou dans les environs? — Les papiers du château de Drudas et de Sauveterre seraient, à coup sûr, visités avec fruit. — Pampelune, en Espagne, est riche en documents relatifs à la famille de Mun, jadis alliée aux princes de Navarre, comme nous le dirons plus bas. Un voyage à la capitale de cette province assurerait donc des découvertes importantes. — Pau et Toulouse ne seraient pas stériles en révélations intéressantes, et le *dépôt des généalogies aux archives nationales de France* ferait cesser beaucoup d'incertitudes.

Le nom de MUN a diverses orthographes, soit dans le cartulaire de Berdoües et les auteurs anciens, soit dans les archives du Séminaire d'Auch. Dans la *Notitia utriusque Vasconiæ* d'Oihénart, il se décline et fait *Munius* au nominatif. Ailleurs, c'est *Meung* ou

Meun, mais plus souvent on écrit Mun, comme de nos jours.

Nous ne parlerons pas ici des armes de la maison de Mun; une place spéciale leur est réservée à la fin de ce travail où l'on trouvera aussi les blasons des principales familles alliées, depuis cinq cents ans, *aux nobles et puissants seigneurs de* Mun.

Un tableau généalogique, dégagé de tout commentaire, termine enfin cette étude où le lecteur peut suivre pas à pas le développement de la famille illustre qui en forme l'intéressant sujet.

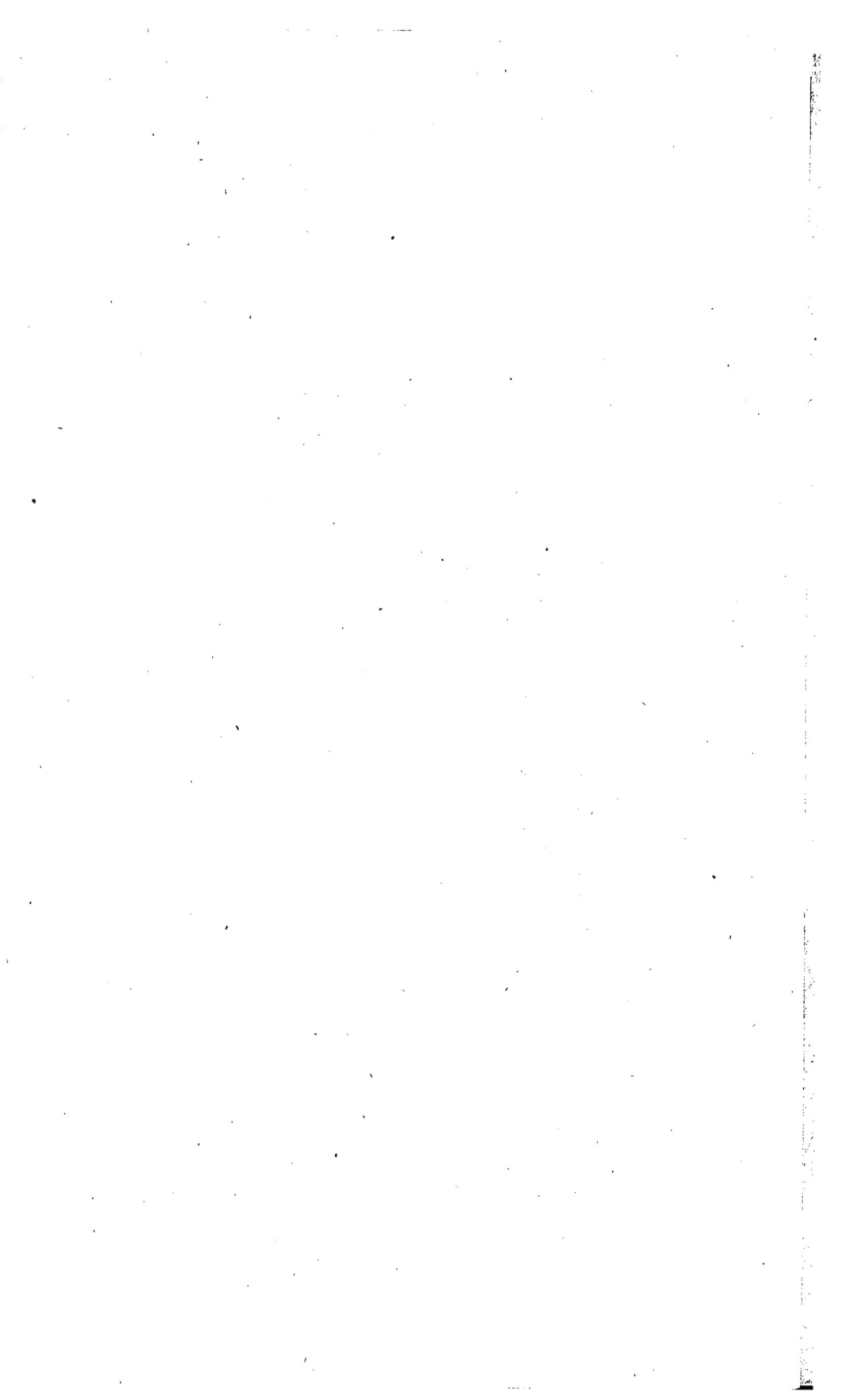

M. LE COMTE DE MUN.

ORIGINE. — ANTIQUITÉ DE SA FAMILLE.

Sept villes se disputèrent, jadis, l'honneur d'être le berceau d'Homère. Trois provinces revendiquent, aujourd'hui, la gloire de compter parmi leurs enfants un chevalier jeune, brave sur les champs de bataille, intrépide dans les luttes de l'Eglise contre les empiètements de l'esprit moderne et de l'Enfer. C'est M. le comte de Mun. Sans vouloir contester les titres de la Brie qui vit naître et grandir M. Albert, comte de Mun; sans méconnaître le droit de cité que le représentant de Pontivy vient d'accepter dans la Bretagne, nous avons la prétention d'inscrire le député du Morbihan au nombre de nos concitoyens.

Oui, M. le comte de Mun appartient à la Gascogne par une longue série d'ancêtres dont les chartes du grand séminaire d'Auch nous révèleront, dans le cours de cette étude, les talents remarquables et les grandes vertus. M. Albert de Mun combat, à cette heure, pour la défense des droits de l'Eglise. Or, nous voyons avec bonheur, au début de ce travail, les premiers de ses pères prêter leur appui à la religion dans le diocèse d'Auch, au xiie siècle, en assurant l'exécution des traités conclus avec les moines de Berdoües. Ne pouvant, faute d'actes plus anciens, poursuivre au-delà de cette date la généalogie de la maison de Mun, prenons pour point de départ dè notre étude trois membres de cette famille revêtus, les deux premiers du heaume et de la cuirasse du chevalier, le dernier des insignes de l'épiscopat.

Bernard Ier, comte d'Astarac, fonda avec son père, en 1134, sous la juridiction et entre les mains de Walter, abbé de Morimont, et de l'agrément de Guillaume d'Andoufielle, archevêque d'Auch, l'abbaye de Berdoües, près de Mirande. Les deux comtés donnèrent la terre de ce nom avec ses dépendances. Les seigneurs de Sariac, de Barbazan, d'Orbes - san, de Mauléon et d'autres encore s'empressèrent d'y ajouter leurs libéralités. De toutes parts, des jeunes seigneurs, renonçant aux jouissances du monde, vinrent demander un asile au pieux sanctuaire, et ceux que Dieu n'appela pas aux douceurs de la vie monastique devinrent les bienfaiteurs et les patrons des Enfants de St-Benoît.

Auster et Forteus ou Fort de Mun

méritent de prendre place parmi ces derniers. Ils virent le jour dans un antique château de Bigorre, bâti sur la crête d'une colline escarpée, à trois lieues de Tarbes et à 16 milles de Berdoües. Mun était le nom de ce manoir, ce fut aussi leur nom patronymique, car, d'après les usages reçus au moyen-âge, les grandes familles s'appelèrent du nom de leurs terres. Formés de bonne heure à la pratique de toutes les vertus chrétiennes, Auster et Forteus de Mun ne se contentèrent pas de contempler les ravissants paysages des Pyrénées qui bordaient l'horizon du côté de l'Espagne; ils aperçurent le ciel par-dessus ces hautes montagnes, et, pour le conquérir, voulurent se faire les chevaliers du droit, les défenseurs des moines. Le cartulaire de *l'abbaye de Berdoües*, déposé aux archives du Grand Séminaire d'Auch, nous dit le nom de ces preux et nous révèle une faible partie de leurs services.

Auster de Mun et Forteus, son frère, raconte cet important recueil, furent présents à l'accord passé entre Guil-

laume, abbé de Berdoües, diocèse d'Auch, et les religieux
d'une part, comte Bon-d'Antin et Raymond Sac, son fils,
d'autre part, au sujet des dons faits au monastère de la
grange de St-Elix et des églises du Pouy et de St-Jean, par
Fortaner de Lavedan, en l'an 1208, régnant Philippe, roy
de France; Bernard étant achevêque d'Auch, et Bernard,
comte de Comminges;

» 2° Auster de Mun assista avec l'abbé de Simorre, et
Mancip, de Panassac, à une transaction passée en 1210 entre les religieux de Berdoues et Gassion de la Serre, au
sujet de *la Illère* que Bernard de Mespléde, son oncle,
leur avait donnée, à ce qu'il prétendait;

» 3° Enfin, Forteus de Mun, selon le même manuscrit,
(fol. 99) fut pleige ou caution du don fait au monastère de
de Berdoües par comte Bon-d'Antin, Raymond Sac et Arnaud d'Aragon, ses enfants, du droit de pacage et usage
dans toutes leurs terres, en 1217. »

Les historiens nous sauront gré de reproduire à cette
place les passages inédits du *Cartulaire de Berdoües* auxquels nous empruntons les détails qui précèdent.

1° fol. 181. « Sciendum est quod Comdebon d'Antin et
» Ramundus Sac filius ejus pro se et pro omnibus suis
» prœsentibus et futuris absolverunt et definiverunt et re-
» liquerunt Deo et Beatæ Mariæ Berdonarum et Gillelmo
» abbati et conventui ejusdem loci præsenti et futuro totum
» hoc quod demandabant et demandare poterant vel requi-
» rere aliquo modo in illo dono quod Fortanerius de La-
» vedan fecerat beatæ Mariæ Berdonárum et habitatoribus
» ejusdem loci in Grangia de Sancto Felice et in omnibus
» pertinenciis suis, et in ecclesia de Podiio et in omnibus
» pertinentiis suis, hoc totum sicut prœdictum est prœ-
» dictus Condebon et Ramundus Sac filius ejus absolve-
» runt et reliquerunt per se et per omnes suos prœsentes et
» futuros Deo et Beatæ Mariæ Berdonarum et Patribus il-
» lius loci, ita ut fratres Berdonarum teneant illa et possi-
» deant libere et quiete sine omni sua et suorum contra-
» dictione in perpetuum. Hujus rei testes sunt Bernardus
» Soste commendator de Borderes et Bernardus de Mon-
» teacuto et Auster de Mun et Forteus frater ejus et frater

» Petrus de Bilsano monachus Berdonarum. Factum est
» hoc anno ab incarnatione Domini m° c°c viii, Philippo
» rege Francorum, Bernardo Auscitano archiepiscopo,
» Bernardo comite Convenarum.

2° fol. 10-11. « Sciendum est quod Condebon d'Antin et
» Ramundus Sac et Arnaldus de Arago filii ejus et Boeta
» filia ejus bona fide et sine omni enganno impignoraverunt
» Gillelmo abbati Berdonarum et conventui ejusdem loci
» prœsenti et futuro pascua et erbagges et omnem spleitam
» per omnes terras suas del Boes en avant pro CC solidis
» morlanorum exceptis terris bladatis, ortis et vineis cultis
» tali tamen pacto quod singulis annis dum pignus durarit
» pascant animalia Berdonarum in pascuis illorum præ-
» dictorum et bibant libere et quiete sine omni contra-
» dictione a pascha usque ad Nativitatem Beatæ Mariæ quœ
» est in septembro et si jam dictus Condebu vel sui aliud
» bestiarium in pascuis prœdictis non miserint usque ad
» primum‧diem adventus Domini, fratres Berdonarum
» mittant et teneant animalia sua ad pascendum in pascuis
» prœdictis quiete et libere. Similiter usque ad pascha et a
» pascha usque ad nativitatem Beatæ Mariæ quæ est in
» septembro, quod si prædicti impignoratores miserint
» aliquod bestiarium in pascuis jam dictis a nativitate
» Beatæ Mariæ usqua ad diem primam adventus Domini
» quod facere possint si voluerint debent dare de primo
» bestiario fratribus Berdonarum et reddere XC solidos
» morlanorum in pace et de cetero postea habeant fratres
» Berdonarum in pascuis dictis C et XII solidos jure
» pigneris et habeant prædicta pascua cum prædictis con-
» venientiis ad omnem spleitam suam donec Condebo vel
» sui prædictam pecuniam reddant fratribus de Berdonis,
» de festo in festum Beatæ Mariæ septembris et debent inde
» facere bonam et firmam garentiam de omnibus ampara-
» toribus fratribus Berdonarum. Hujus rei fidejussores
» sunt FORTELS DE MUN et Carbonnells de Larocha. Testes
» vero sunt Bernardus de Monte Acuto et de Barbazan, etc.
» Factum est hoc anno incarnati Verbi M° CC° XVII,
» Philippo rege Francorum reguante, Garsies auxitano ar-
» chiepiscopo, Centulo Comite Astaraci. » .

3° fol. 97. « Manifestum sit omnibus hominibus qui hæc
» audierint quod discordia et altercatio fuit inter fratres
» Berdonarum et Gassio de La Serra de illo honore de la
» Ilera qui fuit Bernardi de Mesplede et avunculi ejus
» Gillelmi de Mesplede, quem scilicet honorem fratres Ber-
» donarum acquisierunt a prædicto Bernardo de Mesplede
» et Gillelmo avunculo ejus quem prædictum honorem
» Gassio de Serra dicebat quod debebat illum tenere a
» Bernardo de Mesplede et suis ad feodum et quod debebat
» inde reddere X solidos morlanorum singulis annis. Quo
» contra fratres Berdonarum respondebant et dicebant quod
» Bernardus de Mesplede et Gillelmus de Mesplede avun-
» culus ejus dederant eis totum illum prædictum honorem
» de la *Ilera* quem ubi habebant et habere debebant per se
» vel per aliam personam libere et sine omni contradictione
» per proprium alodium ad omnem suam voluntatem inde
» faciendam. Sed contra Gassio de La Serra non desiste-
» bat a querela contra fratres Berdonarum de honore præ-
» dicto quem dicebat se debere tenere ad feodum. Fratres
» Berdonarum et ipse Gassio de La Serra de hujusmodi
» quœrela compromiserunt stare juri in manu Arnaldi Gil-
» lelmi de Barbazan Bajuli Astaraci qui convocavit utram-
» que partem quadam die in domo Berdonarum adjunctis
» sibi viris sapientibus ad prœdictam quœrelam ventilan-
» dam et determinandam. Tunc prœdictus Arnaldus Gil-
» lelmus Baijulus Astarensis et qui cum eo erant sapientes
» viri audítis rationibus utrarumque partium; et cognita
» veritate illius quœrelæ definitivam dederunt talem super
» hoc sententiam dicentes quod fratres Berdonarum libere
» et quiete et in pace et sine omni contradictione haberent
» et possiderent ab illa die in antea totum illum prœdic-
» tum honorem de La Ilera ad omnem voluntatem suam
» faciendam perpetuo per suum proprium alodium : et dixe-
» runt quod Gassio de La Serra ab illa die in antea non
» moverat quœrelam contra fratres Berdonarum de præ-
» dicto honore neque pro feodo neque pro alio aliquo modo.
» Sic prœdictus Baiulus Astaracensis et qui cum eo erant
» assessores prœdictam causam definierunt et · determina-
» verunt et jusserunt quod inde fieret instrumentum ut per-

» petuam haberet firmitatem judicium ab eis super hoc da-
» tum. Hujus rei sunt testes frater Bernardus Gillelmus de
» Sancto Clemente et frater Petrus de Bilsano, etc., et Man-
» sip de Panassac et AUSTOR DE MUN, etc.

» Factum est hoc anno ab incarnatione Domini Mº CCº X,
» Philippo rege Francorum regnante, Bernardo auxitano
» archiepiscopo, Bernardo comite Convenarum. »

Les chevaliers de Mun furent, dès l'origine, les amis et
les protecteurs de la religion, au triomphe de laquelle ils
sacrifièrent et leurs biens et la vie. Aussi n'est-il pas éton-
nant de trouver un autre

Aster de Mun,

fils sans doute de l'un des derniers gentilshommes de ce
nom, dans l'armée de saint Louis, à l'époque où ce monarque conduisit les bannières chrétiennes contre les profana-
teurs du Saint-Sépulcre. Les mémoires de la dernière croi-
sade, sans mentionner les actions d'éclat d'Aster de Mun,
signalent néanmoins sa présence à Damiette, comme le
prouve l'acte suivant, d'origine espagnole, signé de Pedro
Martinez de La Guardia : « Que tous ceux qui la présente
» charte verront, sachent que moi, Pierre Martineytz de La
» Gardia, capitaine, j'ai reçu de vous, Agapet Gacolo, qua-
» rante-cinq bonnes livres tournois, à moi prêtées par man-
» dement du seigneur Alphonse, comte de Poitiers, et que
» je dois donner et payer au temps fixé et aux clauses con-
» venues. Et de ladite somme je me tiens aujourd'hui pour
» bien payé. Sont témoins : D. M. Aster ou Auster de Mun
» et R. de Moinas, chevaliers.

» Et moi Fernand, clerc, j'ai écrit cette charte, etc., à
» Damiette.

» Pierre MARTINEYTZ DE LA GARDE. »

Les annales du moyen-âge ne disent pas autre chose des
trois premiers chevaliers de Mun désignés dans leurs pages.

Robert de Mun,

parent, frère peut-être d'Aster et de Fort de Mun, n'est guère mieux traité par l'histoire contemporaine qui nous le donne comme évêque de la ville du Puy. Le Bigorre paya longtemps une redevance à cette église, et voici comment : Bernard Ier, comte de Bigorre, entreprit, en 1035, de concert avec sa femme Clémence, le pèlerinage de N.-D. du Puy. Dans ce sanctuaire vénéré, dit Montlezun, citant l'*Art de vérifier les dates*, il consacra à la Vierge sa personne et son comté, en présence du chapitre réuni, de Bernard de Bazeillac, de Guillaume d'Aster et d'Arnaud-Guillaume de Barbazan. C'était le vœu fait plus tard par Louis XIII. Mais Bernard y ajouta une redevance de 60 sols qu'il s'obligeait à faire compter tous les ans au chapitre, et que ses successeurs payeraient après lui. C'était purement un acte de dévotion, selon le témoignage *du chartier du Séminaire* d'Auch et non pas une inféodation proprement dite : *hoc donativum pietatis et religionis gratia peractum*. Néanmoins, les évêques du Puy et les chanoines de leur cathédrale voulurent le changer plus tard en acte de vasselage et affichèrent des prétentions exorbitantes. Les choses n'en étaient pas encore là, au moment où Robert de Mun occupait ce siége; et si nous rappelons ce fait historique, c'est uniquement pour expliquer comment le fils d'un puissant seigneur du Bigorre se trouve à la tête de l'église du Puy, de 1213 à 1219. A partir du pieux voyage de Bernard à N.-D. du Puy, les relations durent être fréquentes et suivies entre le Bigorre et ce sanctuaire. Aussi, Robert de Mun, chargé peut-être par ses concitoyens de déposer aux pieds de la Madone le tribut annuel, sut-il plaire par ses vertus et sa piété aux populations chrétiennes du Velai qui le demandèrent pour évêque.

Quoi qu'il en soit de notre conjecture, ce prélat gouverna sagement son diocèse pendant le court espace de six ans.

Le poignard d'un assassin abrégea ses jours en 1219. Un gentilhomme, du nom de Bertrand de Carés, avait osé porter la main sur les biens de l'Eglise. Robert de Mun lança sur lui les foudres de l'excommunication; mais il fut puni de sa sainte fidélité aux lois canoniques par une mort violente et prématurée. Bertrand Carés, en effet, le frappa à St-Germain de la Prade. Les mémoires du temps renferment un mot à peine sur ce pontife éminent, mais à lui seul il vaut un long panégyrique. « Robert de Mun, gentilhomme d'une grande naissance, fut encore plus distingué par ses vertus et sa pureté, qu'il conserva toujours quoiqu'il fût beau et bien fait. » Son corps reposait, avant la Révolution, dans l'abbaye de St-Jacques-de-Doé; nous ignorons si ses restes ont échappé aux profanations de cette époque de lugubre mémoire.

Le quatrième chevalier de Mun, mentionné dans les archives du Séminaire d'Auch, est nommé

Bertrand.

Nos chartes l'appellent *Monseigneur,* chevalier, seigneur de Mun et de Belmont, et lui donnent la particule EN, exclusivement employée pour la haute noblesse. Le premier détail connu de sa vie se rapporte aux troubles si fréquents en Bigorre au temps de Bernard Ier. Esquivat de Chabannais, petit-fils de la comtesse Pétronille, étant déclaré par elle héritier de ce pays, Mathe, sa tante, en revendiqua vainement la propriété. Aussi fallut-il recourir aux armes. Plus tard, des combats sanglants amenèrent un traité de paix dû en grande partie à l'intervention de Gaston IV, comte de Foix. Les droits d'Esquivat sur le Bigorre y étaient clairement affirmés, et on y attribuait le Marsan à la comtesse Mathe. Bertrand de Mun avait déjà fait foi et hommage, en 1358, à Thibaut, comte de Champagne, roi de Navarre et comte de Bigorre. Après les hostilités, il accepta la décision des arbitres et reconnut le nouveau suzerain.

Le 26 octobre 1281, il se trouvait à la cour de ce seigneur, à Tarbes, avec les barons du pays de Bigorre, pour signer le *traité et accord* faits par Esquivat et ses vassaux *au sujet d'un différend et guerre entre les habitants de*

Tarbes et Arnaud Raymond, baron de Castelbajac, chevalier, seigneur de Séméac.

Au dire des historiens, les vicomtes de Béarn et les comtes de Bigorre furent les premiers à doter leurs peuples de *franchises*, connues sous le nom de *fors* en Gascogne, nommées *coutumes* dans les autres parties de la France. Les seigneurs de Mun paraissent être entrés de bonne heure dans cette voie libérale. Détestant la tyrannie, ils se montrèrent toujours les pères et les bienfaiteurs de leurs vassaux. En voici la preuve. La liasse C¹, n° 34, du chartier du Séminaire d'Auch renferme les *coutumes* du lieu de MUN, non pas *faites*, mais renouvelées par Bertrand de Mun, en 1292, ce qui implique évidemment une existence bien antérieure :

COUSTUMAS DEU LOC DE MUN.

Conegude cause sie als presens et als abiédors qui aqueste presente carte veyran ni audiran, que Monsenher EN BI de MUN, caver et N'Austor so filh — a nulh decebement, mas de lor bo grad et per tot lor heret presen et abiedor — tot tems a tot lo comu de la besiaü de MUN — sera a tot lor ordens et a tot heret presen et abiedor, los caus fors et coustumas et usatges diron que son et eran en la viele de Mun aytals com dejus scriuts. Son fors et coustumas de la biele de Mun communemens et salvament de tots los besiis, qui son neij seran, queus deu tier al diit senhor saubs eregurs los bos ayxi cum id los an au casted de Mun, en tau guise en tau maneyre que per mort ne per plague, nij per pelege, ni per nulhe autre cause, no sendeu — senhor, ni nulhe auta refer ne a nulh arée que en casted agossen, ans los an deu tier saub a segur lo senho de la biela de MUN entre aquere personne de cui las causes son, sen aguos feyt son proo o et o son linhadge. Item dixon et autreyan que for et coustuma et usatge es en la viele de Mun ansianamens que tote ley es de xx dinès arcebut mort a plague leiad et det dits xx dinès de leij dets son los deu senhor de la vielle de Mun, eus autres dets de la besiau de Mun. Aysso de tote leij que, de xx dinès. Item dixon et

autreyan lodict senhor et ladicte universitad de la besiau da
Mun que for et coustume — que nulh besii — fer far dreyt
que deu prener et ses tornare de la besiau que deu sercar
senhor qui dreyt lo fasse la qui de lor sen sia tornad, e si
de la Besiaü — prener qué es for — ana en ladicta Viela
da Mun que cade besii de la dicte viele da Mun i deu aver
— diner de — Item for et costuma e usadge en la biele da
Mun queu Senhor da Mun deu acte ne a tots besiaus. Si bo
e a e sinon que non es tengud. Item for et costuma et
usadge es en la biele da Mun queu senhor de la biele da
Mun deu attene a totes costumes de besiau de tot bestia que
ab la besiau embre totes begades et a totes pecher de mes e
gué et a tostes costumas aiysi coum ai besii da Mun ab boe
o ses boe. Item for et costuma e usadge en la biele da Mun
que nulh besii a Mun nos deu bene nulhe re au senhor da
Mun forcivamen ni proman, mes sini aue degun deus besiis
quin beros lo senhor, quen deu dar 60 diners o 60 penhs o
bone fermanse. — Item for e costuma et usatge es en la
biele da Mun que la besiau da Mun ab senhor deu carnalar
tot bestian, estram que troben en la forest da Mun, en glan,
en faye, en herbe. Item for e costuma et usadge es en la
biele da Mun, e no deu tre penhs for de la biele, mays qu'en
deu trenhar en ladite biele. Item for et costuma es en la biele
de Mun e usadge qu'En senhor da Mun no deu prener, ni
bate, ni ferir per degune cause nulhe homme da Mun. Aques
fors et aquestes coustumas e ques usadges ayssi com dicts
son dessus, recouneguon et confessan et dixon lodict senhor
et ladicte besiau que son ansianamen en la biele da Mun et
diit senhor EN BI da Mun Caver et N'Austor queus aguan
laudads e balhads et livrads et donats per are et por los
temps e manderen et fermanens prometeren per ferme et
per leial stipulatio los dicts senhor EN BI da Mun Caver e
Austor so filh que encontra aqueste carta no viendran ni
nulhe autre personne per lor ny per — de lor, ni per nigun
dreyt — a present ab carte ny sens carte, en judjamen ni
defores et perque far no an — Renuntieroune a tot
dreyt escriut et no escriut de leys et de décrets e de
decretals — especials civils et canoo feyt o a fer pro-
mulgad o a promulgar entendud et a entende per clercs

et per layques. Et a tos fors et a tos us et a totes costumas, e a tots establimens et defendemens et a defensios et a deceptios et a tot priviletge empretrat et a empretrar et a tet offici de cost o de judge que encontren aqueste present carte no biendran en tot ni en partide ni en nulh temps. El dict senhon ENBI da Mun Caver en a jurad sus sens evangelis de Diu atocatz corporament.—En aquesta present carte e ladite Besiaü queus ne den penherar e destrenher ab tote senhorie temporau et spiritau per complir et tier ladiite cause. Tot mays compledement cum dessus es contengude ni escriute ni assetiade. Aysso fo ayssi feyt xij die a l'entrant del mes de mars anno Domini Mº CCº XIIC. Secundo regnante Philippo, rege Franciæ et etiam dominante Ramundo Arnaldi de Caudarasa episcopo existente. Testimones son Arnaut Capera da Mun, EN Guayssie de Comere, Arnauld Guillem de Xele, en vidau Balade judges jurats da Mun e jo Guillem P Notari jurad de Godon, qui ab autrey del comun de la Bésiau da Mun et d'EN BI avant diit Caver e de N'Austor so filh aquesti carte escriouey et mon senhal y pause.

L'acte original de ces *coutumes* se trouvait dans les archives de Mun, en 1746, et même un peu plus tard, puisqu'il fut produit dans un procès intenté aux acquéreurs de Mun et lu devant le parlement de Pau en 1750. Depuis, il a disparu : les feudistes se demandent avec anxiété s'il ne serait pas oublié au milieu des papiers de la Cour suprême du Béarn. Toutefois, si le titre primitif n'existe plus ou reste encore caché aux regards des savants, ses éléments essentiels n'ont pas péri : le Séminaire d'Auch les possède et veut aujourd'hui faire profiter les historiens du bénéfice de son dépôt en les publiant dans cette étude. La date du *renouvellement* des coutumes de Mun correspond à une époque fort troublée pour le Béarn. Rappelons en peu de lignes les événements auxquels le chevalier de Mun prit une part active. A la mort d'Esquivat, dont il a été parlé plus haut, six prétendants réclamèrent le comté de Bigorre. C'étaient Lore, sœur d'Esquivat, Constance, fille du comte de Béarn, Mathilde, comtesse de Thyet, Guillaume Teisson, Mathe,

2

comtesse d'Armagnac et l'Eglise du Puy. Les Etats assemblés à Séméac rédigèrent une supplique où les droits de Constance étaient reconnus et Philippe-le-Bel sollicité de lui rendre justice. Une enquête fut aussitôt ordonnée sur la valeur des fiefs et arrière-fiefs du comté (1300). Or, Bertrand de Mun se trouve inscrit sur un des rôles dressés par le commissaire Jean Fronton, procureur du roi en Agenais. Il s'était mêlé aux négociations précédentes, il se vit contraint de payer sa part des revenus du comté de Bigorre évalués à 7,239 livres tournoises. Nous ignorons la somme proportionnelle de sa contribution, mais nous savons à n'en pas douter que le Bigorre où se trouvaient ses terres fut confisqué par arrêt du Parlement et attribué au roi de France. A partir de ce moment, la seigneurie de Mun et le comté de Bigorre passèrent sous la suzeraineté de Charles, second fils de Philippe-le-Bel.

Auster de Mun,

fils de Bertrand, d'après le texte même des *Coutumes* du lieu de Mun, n'occupe pas une grande place dans les Mémoires de son siècle. Il participa à la rédaction des *fors et coutumes* de sa communauté en 1292, ne laissant pas d'autres traces de son passage dans le Bigorre. Nous ne sommes guère plus heureux pour son successeur. Le chartier du Séminaire d'Auch nous dit son nom cependant et nous donne une date précise de sa vie. A l'époque de l'enquête ordonnée par Philippe-le-Bel, en 1300, sur les fiefs du Bigorre, Jean Fronton, commissaire en Agenais, partagea le comté en six *bailliages* ou vigueries, comprenant la terre de Mun dans celui de Goudon. Or, le baron de Castelbajac mérita plus tard, pour de brillants faits d'armes, une récompense signalée. Le roi Philippe-de-Valois lui donna en 1346 la viguerie de Goudon, dont la valeur, les droits et les revenus furent évalués dans un procès-verbal où figure le nom de

Bertrand II de Mun.

« Item in loco de Munio pro quadraginta solidis quatuor denariis turonensibus debitis per nobilem Bertrandum de Munio Domicellum, Dominum dicti loci domino nostro Regi annuatim et per quosdam singulares loci antedicti pro dicto loco de Munio extimati valere communi extimatione quolibet anno computando ut supra septem solidos turonenses de auro redditus assignavit. »

Il faut arriver à

Auger de Mun,

né vers 1335 ou 1340, pour trouver de la suite dans la succession des seigneurs de Mun. Néanmoins, avant de raconter la vie de ce chevalier, franchissons les Pyrénées pour faire connaissance avec les membres d'une branche de la Maison de Mun établie en Espagne depuis plusieurs siècles. En Gascogne, Mun, d'où elle tira son nom, était la résidence habituelle de la branche aînée de Mun; Lara abritait en Espagne la branche cadette, célèbre dans les annales de Biscaye et l'histoire de Navarre.

Lupus, fils de Didacus et roi de Biscaye, donna sa fille Thérèse à Mun, brave guerrier, dont elle eut Martin de Mun, l'un des héros des fameuses journées de *Muradale* et de *Nabas-Tolosanas* si fatales aux soldats de Mahomet, en 1212. Roderic de Tolède, Sandoval et tous les historiens espagnols, célèbrent à chaque page de leurs livres les brillants faits d'armes des chevaliers de Mun contre les Maures, nous présentant, d'ailleurs, ces preux comme comtes ou souverains de Biscaye, à partir de la fin du XIIIᵉ siècle. (Oihénart, *Notitia utriusque Vasconiæ.*) Didacus étant mort, le gouvernement de sa principauté passa à Marie, fille de son frère Didacus-Lupus et femme de Jean, infant de Castille. Marie, à son tour, transmit cet héritage à son fils unique Jean, surnommé *Cœlite* et marié plus tard à Isabelle, fille d'Alphonse, roi de Portugal, dont elle eut une fille appelée Marie comme sa grand'mère. Jean de Mun, comte de Lara, jouissait alors d'une réputation méritée de courage et de vertu qui le firent rechercher des maisons des plus illustres. A la fin, pressé de toutes parts, il prêta l'oreille aux avances des amis de Marie et consentit à donner sa main à cette princesse, malgré les malheurs dont elle était poursuivie. Jean était fils de Ferdinand de Cerda et de Jeanne de Mun, comtesse de Lara. Or, les souverains de Biscaye étaient en même temps comtes de Castille. Ce seigneur prit donc les deux titres, à l'exemple de ses prédécesseurs et administra ses Etats avec une grande sagesse. Surpris par la mort, en 1350, il laissa trois enfants de Marie, son épouse : Mun à peine âgé de deux ans, Jeanne mariée dans la suite à don Tellès, frère de Pierre, roi de Castille, et Isabelle demandée en mariage par le fils du roi d'Aragon.

Mun mourut encore jeune; Jeanne, sa sœur aînée, lui succéda au moment où Pierre-le-Cruel souillait, par ses excès, le trône de Castille. Elle était, avons-nous dit, mariée à don Tellès. Celui-ci, souffrant de voir l'Espagne déshonorée par un de ses princes, n'hésita pas à prendre parti pour Henri de Transtamare, frère naturel de Pierre-le-Cruel, et à marcher avec lui contre le roi coupable. Le célèbre Duguesclin, chef *de la grande compagnie de Routiers,* écouta l'appel de Henri et franchit les Pyrénées suivi de ses *bandes* et des troupes du comte de Foix, fidèle au rendez-vous fixé par son voisin d'Espagne. Auger de Mun lui-même, proche parent de Tellès-Mun et seigneur de Mun, au comté de Bigorre, vola au secours du roi de Biscaye. On le vit à côté de Duguesclin et du comte de Foix dans le combat où Pierre-le-Cruel, trahi par la fortune, abandonné des siens, alla demander un asile au Portugal, et vint, ensuite, en Aquitaine implorer le secours du Prince Noir. Il se fit petit et humble, disent les historiens, devant le vainqueur de Poitiers et promit, en présence d'une cour nombreuse et guerrière, d'abondantes largesses à ses défenseurs.

L'Anglais écouta ces magnifiques propositions avec complaisance et s'empressa de les communiquer à Edouard son père par l'entremise d'Elie de Pommiers. La campagne étant approuvée, le roi de Navarre Charles-le-Mauvais reçut avis des projets arrêtés en Aquitaine avec prière de laisser traverser son royaume par les soldats d'Edouard.

Henri de Transtamare, proclamé roi de Castille, son beau-frère Tellès-de-Mun, prince de Biscaye, organisaient, pendant ce temps et sous la direction de Duguesclin, une héroïque résistance. AUGER DE MUN, seigneur de Mun en Bigorre, n'avait pas déserté son poste; pour la seconde fois, il vint défendre les intérêts de sa famille menacée.

Tous les préparatifs étant terminés, le prince de Galles partit de Bordeaux *en très grand arroy de gens d'armes* et s'avança du côté des Pyrénées en 1367. Les deux armées ennemies ne tardèrent pas à se trouver en présence dans les plaines de Navarret, non loin de Victoria. Elles étaient commandées par les deux plus grands capitaines du XIVe siècle, Duguesclin et le Prince Noir.

Don Tellès-de-Mun conduisait la division de Castille qui fit des prodiges de valeur. Il tenait tête depuis longtemps au prince de Galles, lorsque le captal de Buch se détachant avec les siens du corps de Gascons commandés par le comte d'Armagnac prit son armée en flanc et en fit une horrible boucherie. La retraite forcée de Tellès-de-Mun devint le signal de la défaite. Henri fut battu et Duguesclin, malgré sa bravoure et son sang-froid, dut tomber au pouvoir du *Prince Noir qui reçut son épée débonnairement et la bailla au captal de Buch.*

La défaite de Navarret fut, comme on devait s'y attendre, fatale à la famille de Mun. Tellès, privé de la Biscaye, vit ses états passer à Isabelle de Mun, épouse de Jean, infant d'Aragon et parent de Pierre-le-Cruel. Mais celui-ci, toujours avide de sang, fit mettre à mort l'infant dont la fille, nommée Florence, prit la fuite, traversa les Pyrénées et vint tendre les mains à Gaston-Phœbus, comte de Foix, qui lui donna, avec une large hospitalité, la main de son frère appelé Pierre. Gaston, par ce mariage, acquit des droits au trône de Biscaye. Il le réclama, en effet, pour y placer son frère devenu, plus tard, père de deux enfants, Pierre et Adrienne.

Mais à la mort de Florence et de sa famille, Henri (1), s'appuyant sur les droits de son épouse Jeanne, comtesse de Lara, issue de la famille de Mun, envahit la Castille et l'annexa à son royaume. C'était vers la fin du xive siècle.

Inutile de pousser plus loin nos recherches sur la maison de Mun de l'autre côté des Pyrénées, nous croyons en avoir dit assez pour établir l'éclat et la grandeur de cette famille alliée à la plupart des rois d'Espagne. Un mot emprunté aux auteurs de cette nation suffit, du reste, pour traduire le jugement de nos voisins sur la maison royale de Mun : « *En estos tiempos y en otros de muy atras los senores de Biscaya andaban con los reyes de Navarra.* » (Oihénart, p. 158.)

Si, à cette date, la branche Espagnole de Mun semble s'éclipser et se perdre dans des alliances princières, la branche aînée jette de l'autre côté des Pyrénées l'éclat le plus pur et le plus vif. Nous avons vu

Auger de Mun

dans l'armée de Henri-de-Transtamare son parent, nous le retrouvons en Gascogne aux prises avec les Anglais, maîtres du pays. Ce chevalier, digne fils du vaillant Bertrand II de Mun, ne pouvait souffrir la domination étrangère. Du reste, le souvenir de la défaite de Crécy, la pensée de la prise de Calais par la Grande-Bretagne ne lui donnaient plus de repos. Aussi s'empressa-t-il de prendre part aux négociations entamées par les seigneurs Gascons désireux de voir Charles V se roidir contre les prétentions anglaises et arrêter le progrès des insulaires. La voix des conseillers du roi de France s'éleva à son tour et bientôt Bernard Pelot, juge criminel à Toulouse, *clerc habile et bien enlangagé*, reçut ordre de se rendre à la cour de Bordeaux, au nom du roi de France, pour intimer l'ordre au Prince Noir de comparaître devant son suzerain. Le fils d'Edouard, secouant la tête, promit de se rendre à Paris, mais armé de son *casque et suivi de six cent mille hommes*. Ce fut le signal des hosti-

---

(1) Henri de Transtamare, soutenu par Duguesclin, finit par recouvrer son trône.

lités. Auger de Mun avait poussé à la guerre, il s'arma sans retard et combattit avec éclat sous les ordres de Duguesclin, le glorieux vaincu de Navarret. Rendu à la liberté, le vaillant breton venait au secours du roi de France, suivi de cette noblesse guerrière avec laquelle il s'empara de Moissac, d'Agen, pour braver ensuite les garnisons de Mauvezin et de Lourdes, alliées fidèles de l'Angleterre. Il nous est impossible d'assigner les lieux où Auger de Mun se fit plus particulièrement remarquer, car les notes auxquelles nous devons ces détails manquent de précision. Elles nous apprennent cependant qu'Auger devint père de

Bertrand de Mun, 3ᵉ du nom,

au moment des guerres d'Aquitaine.

Auger de Mun mourut avec la douleur de n'avoir pu arracher son pays au joug de l'Angleterre, mais il laissait une mémoire bénie et un enfant destiné à poursuivre ses patriotiques efforts contre la Grande-Bretagne. Les archives du grand séminaire d'Auch nomment souvent Bertrand de Mun. Il sut, nous disent-elles, se faire aimer de tous. Ses bons et loyaux services lui valurent d'être compris pour une somme de 100 florins d'or dans le testament d'Arnaud, baron d'Antin, seigneur de Bigorre et compagnon d'Auger de Mun, dans les guerres de Gascogne et d'Espagne (1415.)

Bertrand avait épousé, vers 1400, Bertrande, fille du seigneur de Labarthe. Ce mariage acheva de cimenter l'union de deux familles également dévouées à l'Eglise et au roi qu'elles servirent toujours avec courage. Bertrand de Mun et le seigneur de Labarthe avaient pu s'apprécier l'un l'autre sur les champs de bataille, car les annales de leur époque nous signalent des combats de toutes parts. L'Angleterre ne cesse de disputer à la France le riche pays de Gascogne, les comtes de Foix et d'Armagnac sont constamment aux prises, profitant des trèves signées par les deux nations rivales pour s'entre-déchirer. La vie commune du camp, au milieu de ces luttes malheureuses, fit désirer sans doute aux deux chevaliers le bonheur d'une amitié plus intime et plus étroite encore scellée par le mariage dont nous venons de parler. Bertrande de Labarthe rendit Bertrand de Mun père de plusieurs enfants dont un seul est connu des historiens. Il s'appelait Odet, nous le retrouverons bientôt.

Dans un acte d'acquisition du mois de février 1470, Auger de Lavedan, co-seigneur de Montfaucon, donne le titre d'aïeule à Navarre de Mun, dame de Montfaucon. Elle était sans doute sœur d'Auger de Mun. Son nom indique suffisamment une alliance contractée entre les deux familles amies.

Charles VII gouvernait la France au moment où Bertrand de Mun descendit dans la tombe plein d'œuvres et de jours. Son fils aîné

Odon ou Odet de Mun

lui succéda dans un temps bien critique pour notre histoire nationale. La royauté, placée entre un vieillard dans l'enfance et un jeune homme sans force et presque sans patrie, ne pouvait rien surtout pour les vassaux éloignés. Et cependant l'Aquitaine était toujours en feu! Nous l'avons dit précédemment, les maisons de Foix et d'Armagnac avaient sans cesse les armes à la main. Heureusement pour notre pays, la ligue d'Aire mit fin aux dissensions des deux grands vassaux de Gascogne, et dès lors les bras de tous les guerriers purent être employés à l'œuvre commune de la délivrance nationale. L'Angleterre était encore menaçante pour le Midi, mais lorsque le Dauphin parut dans cette contrée la face des affaires changea rapidement. Partout, la noblesse prit le casque et la cuirasse. Odet de Mun, dit le chartier du Séminaire d'Auch, fut un des premiers à voler au secours de la monarchie expirante. Une lutte décisive allait terminer la longue querelle entre la France et l'Angleterre, car nous sommes au siége d'Orléans où Dunois, Lahire, Xaintrailles et mille autres Gascons signalèrent leurs armes, tandis qu'Odet de Mun, mêlé à une foule de brillants chevaliers, protégeait le Midi contre les progrès des insulaires. Si la France avait dû périr c'eût été assurément dans ces dou-

loureuses circonstances; le roi n'avait que Bourges pour
Etat!... Mais Dieu lui suscita un défenseur : Jeanne d'Arc
sauva la ville d'Orléans et conduisit Charles VII à Reims
où l'huile sainte coula sur son front. Le traité d'Arras portait,
peu de temps après, un coup fatal à la puissance de la
Grande-Bretagne. Mais, hélas ! que de braves tombèrent
dans les combats avant ce mémorable événement! Que de
guerriers périrent en Languedoc, en Aquitaine, etc., sous
les coups de bandits innombrables connus dans l'histoire
sous le nom de *Routiers!...* Il fallut des armées pour vaincre
ces brigands et les faire rentrer dans le respect des lois.
Odet de Mun s'employa de toute son énergie à cette œuvre
patriotique, nous dit un document que nous consultons;
cent fois il exposa sa vie contre les bataillons *des grandes
compagnies.* Nîmes, le Vivarais, le Valentinois furent souvent témoins de ses exploits, car ces contrées étaient plus
particulièrement l'objet des incursions des pillards et des
assassins parés des couleurs de l'Angleterre. (Archives du
Séminaire d'Auch, c¹ nº 34-2.) André de Ribes marchait à
la tête des Routiers, il poussa même l'audace jusqu'à con-
duire ses bandes aux portes de Toulouse; Auch et Pavie
leur payèrent la contribution de guerre connue sous le nom
de *Pastis* lorsque Odet de Mun et Jean de Mauléon arrêtèrent
leurs progrès.

Odet de Mun profita d'un moment de relâche, en 1457,
pour assister à une fête de famille dans ses terres de Bigorre.
Bertrande de Mun, sa fille, avait grandi sous le toit paternel,
et noble Arnaud de Cardeillac, seigneur de Sarlaboux, en la
seigneurie de Mauvezin, diocèse de Tarbes, désirait la main
de cette enfant. Elle lui fut accordée en présence d'Auger,
notaire royal de la ville de Tournay, et de beaucoup de
chevaliers dont les principaux, d'après la *Gallia Christia-
na*, étaient Roger, évêque de Tarbes; Auger, seigneur de
Villambitz, Gaillard, seigneur de Chelle, et Bernard Devèze,
damoiseaux. Bertrand de Mun eut deux frères alliés aux
familles les plus puissantes du Bigorre. Arnaud-Guillaume
était l'aîné; le cadet, appelé Arnaud, est connu par l'acte de
mariage de son neveu Aner de Mun, en 1488.

Odet de Mun paraît être mort quelques années après le

mariage d'Arnaud-Guillaume, son fils aîné. S'il n'eut pas la joie d'assister à la victoire définitive de la France sur l'Angleterre dont il fut toujours l'implacable ennemi, il eut du moins la gloire de voir sa maison alliée à celle d'un des plus vaillants chevaliers de son siècle. Dame Marguerite de Villambitz, épouse d'Arnaud-Guillaume de Mun, était, en effet, fille de noble Auger, seigneur de Villambitz, Sères, Villefranche et de dame Brunette de BARBAZAN. Il nous serait agréable de retracer ici la vie du capitaine de ce dernier nom. Pour rester dans le cadre fixé par la nature de ce travail, nous dirons seulement que Barbazan fut un des plus grands hommes de guerre de son époque. Après avoir mérité le titre de *frère d'armes* du roi d'Angleterre contre lequel il joûta victorieusement, il demeura comme le type de la loyauté et de l'honneur et fut jugé digne d'une sépulture royale à côté de Charles IX, dans les caveaux de St-Denis. Le brave défenseur de Melun (1) applaudit à l'union de sa nièce avec

Arnaud-Guillaume de Mun

dont le père avait une place marquée parmi les meilleurs capitaines de Gascogne. Le contrat de mariage eut pour témoins Donec, notaire royal, et noble Arnaud de Gerderest, seigneur de Montfaucon en Bigorre. Le soir des noces, Bertrand de Castelbajac, seigneur de la Busquère, assista à la remise d'une partie de la dot de Marguerite de Villambitz; on compta 50 florins d'or au chevalier Arnaud-Guillaume de Mun.

Ceci se passait le 20 juin 1462, quelques jours après l'avènement au trône de Louis XI, successeur de Charles VII, surpris par la mort à Meun-sur-Yévre, en Berry, le 22 juillet 1461. Madeleine, sœur du roi, venait d'être donnée en mariage à Jean, fils du puissant Gaston IV, comte de Foix. Ce vassal fut à peu près le seul qui trouva grâce

(1) Barbazan, selon Juvénal des Ursins, défendit longtemps contre les forces réunies de l'Angleterre et de la Bourgogne la ville de Melun. Fait prisonnier dans le sac de cette place, il fut jeté dans un noir cachot et dut sa délivrance au courage de Lahire.

devant Louis XI, ennemi juré de tous les amis de son père.
Aussi, la Ligue du *Bien Public*, organisée par les ducs de
Calabre, de Bourbon, de Bretagne, d'Armagnac fut-elle
mal accueillie en Bigorre. Les noms d'Arnaud-Guillaume
de Mun et de ses fils ne paraissent nulle part dans les rôles
des seigneurs révoltés. N'est-ce pas là une preuve nouvelle de la noblesse, de l'élévation de sentiments d'une famille toujours fidèle à ses rois, jamais mêlée aux manœu-
vres politiques des princes ambitieux?

Aner de Mun,

l'aîné des enfants d'Arnaud-Guillaume de Mun, était fort
jeune lorsque la mort de son père le plaça à la tête de plusieurs grandes seigneuries parmi lesquelles Mun, Belmont,
Lubi, occupent le premier rang. Noble Arnaud de Mun,
son oncle paternel, et Auger de Villambitz, son oncle maternel, lui choisirent de bonne heure une épouse également
recommandable par ses vertus et sa naissance, Florette de
Monlezun. Elle était fille de noble Jean de Monlezun, sei-
gueur de Séailles, de St-Jean-Poutge, et de dame Marguerite de Miossans, des anciens barons de Miossans, en
Béarn, fondus depuis dans la Maison de Béarn, d'Albret,
de Pons et de Lorraine-Marsan. Le mariage, contracté le
8 février 1488, eut pour témoins principaux, Bertrand de
Castelbajac, seigneur de La Garde, Pierre Arnaud, baron
de Castelbajac, seigneur de Séméac, assez proche parent
de Florette de Monlezun, et se célébra au château de Séméac,
en Bigorre. Bernard de Peyrus, notaire royal, retint le
contrat.

Six ans plus tard, Aner de Mun, déjà fort aimé de ses
vassaux, s'attacha plus étroitement encore les habitants de
Mun en signant avec eux un *accord* au sujet des droits de
fouage et de quelques redevances seigneuriales. Cette question délicate pouvait soulever les haines de la foule; l'ha-
bileté et les généreux sentiments d'Aner de Mun empê-
chèrent tout conflit le jour où la transaction fut signée devant Dominique de Tilhio, notaire royal (3 mars 1194)·

Bertrand de Mun, frère d'Aner, fut présent à l'accord; on le retrouve ensuite en 1496, à la convention signée par Auger de Villambitz, avec les habitants de Sères.

« Toutes les grandes familles de Gascogne, dit un historien, fournirent un ou plusieurs de leurs membres aux dernières expéditions d'Italie tentées sous les règnes de Charles VIII. Louis XII, François Ier et Henri II. » L'affirmation est trop vague pour oser inscrire Aner de Mun parmi les 25 à 30 milles hommes destinés à faire contre l'Italie une expédition enfantée par le caprice et la folie chevaleresque d'un prince chétif et contrefait qui devait se borner à inscrire un brillant fait d'armes de plus dans les pages de nos annales militaires. D'ailleurs, la présence d'Aner de Mun dans le Bigorre, au mois de mars 1494, est la meilleure preuve de son éloignement des champs de bataille pendant cette année témoin des exploits de la France à Sarzano, à Pise et à Florence, en attendant les triomphes plus éclatants de Naples et de Fornoue.

Nous sommes plus heureux pour

Odet III de Mun,

son fils aîné. Le chartier du Séminaire d'Auch possède plusieurs titres où nous lisons la preuve de sa présence sous les armes en Italie, après la mort de Charles VIII. Puisque rien ne nous parle de la vie militaire d'Aner de Mun, bornons-nous à apprendre de nos archives que ce chevalier appelé *noble* et *puissant* dans les actes de son époque, *consentit*, le 24 décembre 1499, *un bail à nouveaux fiefs de deux arpents de terre pré et bois* aux habitants de Mun. En juin 1523, il inféoda aux mêmes habitants *le bois et padouen de Bernet* et signa, l'année suivante, le dernier acte connu de sa vie, en donnant, le 15 novembre 1524, quittance de la *dot, robes et joyaux* de Florette de Monlezun, son épouse, à noble Jean de Montlezun, son beau-frère, seigneur de Séailles et de St-Jean-Poutge.

Cette date correspond à l'époque où Odet de Mun, son fils, se distinguait en Italie. Mais avant de parler de ce courageux chevalier, nommons les autres enfants issus du mariage d'Aner de Mun avec Florette de Monlezun.—Odet eut pour frère Auger de Mun voué aux autels dès sa première jeunesse et appelé, plus tard, à la dignité de prieur d'Artigue-Fermat. Marie de Mun, leur sœur, fut mariée, en 1500, à noble Bernard de Bazus, seigneur d'Epenon. Devenue veuve en 1452, elle donna à son fils, Jean d'Espernon, les biens de son père Bernard par devant Cassin, notaire royal de la ville de Mauléon, en Magnoac.

Odet de Mun, trop jeune encore pour entrer dans l'armée de Louis XII, paraît avoir fait sa première campagne vers 1515, c'est-à-dire au moment où François Ier, à peine assis sur le trône de France, franchit les Alpes pour recouvrer le Milanais perdu. C'est donc en Italie qu'il signala sa bravoure pour la première fois; il repassa plus tard en Aquitaine où les événements de Navarre ne lui permirent pas de suivre Bayard dans l'expédition d'Italie de 1525. La paix conclue après les troubles de Gascogne lui laissa le temps de célébrer, cette année même, son mariage avec Gabrielle de Labarthe, issue des anciens souverains du pays de ce nom. Elle était fille de noble et puissant Jean, seigneur de Moncorneil-Guiserix, et d'Isabeau d'Isalguier. Le gendre et le beau-père s'étaient connus et appréciés dans les expéditions d'Espagne et d'Italie; ils se plurent à resserrer les liens de leur union par une alliance également flatteuse pour les deux familles amies. Le contrat, signé le 28 janvier 1525, fit passer dans la maison de Mun déjà si puissante la baronnie de Guiserix donnée en dot à Gabrielle. Odet de Mun avait eu le regret de ne pouvoir suivre ses frères d'armes en Italie; il apprit avec une profonde stupeur la fatale journée de Pavie, la captivité du roi et la mort de la fleur des chevaliers français. La Trémoille, Chavanes, Bonivet, le baron de Lavedan, Andoins ses amis étaient tombés sous les coups des Impériaux; le roi de Navarre lui-même, son suzerain, partageait les fers du roi de France!... Tant de malheurs ne firent qu'enflammer son patriotisme. Il prit part à l'expédition d'Italie de 1534-35, lorsque François Ier, rendu à la liberté, alla demander au duc de Milan raison du meurtre de son ambassadeur secret et tirer une solennelle vengeance d'une violation si manifeste des droits les plus sacrés. Les détails nous manquent *sur les belles expertises d'armes* d'Odet de Mun, à partir de ce moment. Aussi, pour rester dans la vérité historique et ne pas nous lancer dans des hypothèses plus ou moins autorisées par les guerres qui suivirent le siége de Marseille en 1536, contentons-nous d'accompagner le chevalier de Mun au milieu de ses terres, nous appuyant sur des dates certaines empruntées au chartier du Séminaire d'Auch.

Il fut présent avec son frère, Auger de Mun, clerc, *à l'acte de syndicat* et signa la procuration des habitants de Castelbajac, en Bigorre, à l'occasion d'un emprunt de 80 livres tournoises fait à Salviati, banquier, le 3 juin 1517. Les noms de Aner de Mun et d'Odet, son fils, figurent au bas d'une autre procuration des habitants de Goudon, pour un emprunt contracté chez le même Salviati. Le seigneur de Mun, jouissant d'une réputation méritée d'honneur et de loyauté, fut bien des fois encore sollicité de se porter garant pour ses voisins. C'est ainsi que le 3 juin 1513, noble Jean de Castelbajac lui demanda sa caution pour une somme de 800 livres reçue de Salviati et le fit signer avec son frère Aner au bail à ferme de sa terre de Clarac.

Des contestations s'élevèrent sans doute plus tard au sujet des dettes placées sous la sauvegarde d'Odet de Mun, car le parlement de Toulouse rendit, le 15 juillet 1531, un arrêt en vertu duquel la terre de Clarac était adjugée au seigneur de Mun. C'est probablement à titre de compensation pour la nécessité où Odet dut se trouver de faire honneur à sa signature devant l'impuissance financière du chanoine de Castelbajac, débiteur de Salviati.

Il n'est pas rare d'entendre des déclamations furibondes contre la tyrannie des seigneurs du moyen-âge. Au dire des ennemis passionnés de cette période de notre histoire, le peuple était un vil troupeau d'esclaves. Absurde calomnie ! La conduite d'Odet de Mun est une protestation énergique contre ce mensonge odieux. Voyez, en effet : De lourdes charges ont pesé sur le Bigorre pendant les premières an-

nées du XVIe siècle. Le seigneur de Mun croira-t-il son peuple *taillable et corvéable à merci?* Nullement. Il laisse ses vassaux réparer lentement les désastres des guerres précédentes, accepte leurs contributions sans recourir aux moyens de rigueur et souscrit de bon cœur aux retards imposés à ses sujets par les difficultés de la situation. C'est ainsi, dit le chartier du Séminaire d'Auch, qu'en 1535 il donna quittance de 36 écus d'arrérages de fiefs et rentes aux habitants de Clarac. Odet de Mun rendit hommage pour ses terres de Mun, Clarac, Belmont, Lamarque, Lübi, etc., au roi de Navarre, comte de Bigorre, en 1540, et présenta le dénombrement de toutes ses possessions. Le 25 mai 1544, il reçut lui-même les reconnaissances féodales des habitants de Lamarque, ses vassaux. Au 1er novembre 1533, la terre de Peyraube était sous sa juridiction; il vendit, au mois de février de la même année, à noble Jean d'Antin, un bois à Lamarque, par devant Larré, notaire de Goudon, et assista, le 11 septembre 1641, à l'hommage rendu devant Jacques de Foix, évêque de Lescar, par noble Jean Arnaud de Fosseries, seigneur de Gonès. Odet de Mun, patron de l'église de Clarac, présenta, selon les registres de Prats, le 6 août 1546, un sujet à la nomination de cette cure vacante par la mort de noble Jourdain d'Antist. L'année suivante, il fut appelé en témoignage dans *l'enquête de Castelbajac* et déposa, entre autres choses, dit le *Chartier du Séminaire d'Auch* (liasse « Ct no 34), qu'une fille de Bize, laquelle, sa mère et autres
» ses parents assuraient être héritière universelle de ladite
» maison, fut mariée avec le seigneur Sarlaboux; après sur-
» vint un personnage inconnu qui se disait fils légitime et
» héritier de ladicte maison de Bize, qui commença procès
» contre ladicte fille et son mari et depuis céda son droit à
» ladite Dumaine (belle-mère du baron de Castelbajac) qui
» poursuivit tellement comme ayant le droit dudit fils in-
» connu, qu'il obtint arrêt contre ladite fille et ledit Sarla-
» boux, son mari qui fut exécuté; et en jouit ladite Dumaine
» quelque temps et après ladicte Dumaine vendit son droit
» audict de Sarlaboux à la charge de payer à un nommé
» FRANCILLON, capitaine d'Acqs, quelque somme qu'il
» aurait fournie à ladicte Dumaine. »

Si les mémoires du xvi° siècle ne nous ont pas conservé le nom de tous les enfants d'Odet de Mun, ils nous apprennent, du moins, que haut et puissant seigneur

Barthélemy de Mun,

leur aîné, succéda à son père dans l'administration des terres de Mun, Belmont, Clarac, Lamarque, Lubi, etc.

Luther soulevait alors l'Allemagne et devenait le père du protestantisme. François Ier comprit de bonne heure tout ce que cette doctrine recélait de dangers pour la monarchie et s'arma contre elle de rigueur. Barthélemy de Mun, avec la plupart des chevaliers de Bigorre, partagea les appréhensions du roi, car il voyait déjà le peuple s'agiter. Malheureusement, la reine de Navarre, comtesse de Bigorre, s'en forma une idée tout opposée, laissant ainsi son cœur égarer sa prudence. La Navarre, le Bigorre, le Béarn, l'Armagnac devinrent bientôt le théâtre des exploits du calvinisme. Nous ne pouvons pas retracer ici toutes les scènes du long drame connu sous le nom de guerres de religion. Aussi ne parlerons-nous que de l'ardeur déployée par Barthélemy de Mun et ses amis contre les religionnaires.

Le 21 janvier 1559, sous le règne éphémère de François II, Barthélemy de Mun profita de la paix signée après la victoire du duc de Guise pour célébrer son mariage avec une riche héritière du Bigorre, noble demoiselle de La Pène. Elle était fille de noble Pierre, seigneur de La Pène, dans les environs de Puydarrieux, et de dame Isabeau de Saint-Lary de Bellegarde. Le contrat porte la signature de Constans, notaire royal de Rieumes. Grandes durent être les joies de ces solennités nuptiales, car elles coïncidaient presque avec la fuite des derniers bataillons anglais chassés de Calais par le duc de Guise et contre lesquels les seigneurs de Mun signalèrent tant de fois leurs armes.

Barthélemy de Mun ne donna pas de longues années aux douceurs du foyer domestique; l'amour de la religion en péril et du roi menacé par les Huguenots l'appela sur les champs de bataille. Sa bravoure lui assura un poste d'honneur dans l'armée catholique; le seigneur de Sarlaboux, son parent, lui donna le titre *de guidon de sa compagnie des hommes d'armes*. Sous les ordres de ce capitaine fameux dans l'Aquitaine par son acharnement contre les religionnaires, Barthélemy de Mun, se battit plusieurs fois contre les bandes de d'Arros et de Montgomery. C'est lui qui vengea la mort du chevalier de Baudéan, compté avec raison parmi les plus braves soldats de l'armée catholique. Le farouche Lisier, maître de la ville de Tarbes où il commit tant d'exactions, voulut exiger des contributions des villages voisins. Celui de Trébous, soutenu par Baudéan, osa résister à ses prétentions. Lisier l'assassina lâchement : il l'étendit roide à ses pieds, d'un coup de pistolet. Mais le jour de la justice arriva. Quelques contestations s'étant élevées, dit un historien, entre ce Huguenot et les habitants de Boulin, au sujet des impôts réclamés par Lisier, Barthélemy de Mun et le seigneur de Lubret, proches parents de Baudéan, défendirent aux catholiques de rien payer, et sûrs que Lisier viendrait, les armes à la main, demander raison de ce refus, ils allèrent avec quelques-uns de leurs amis et quelques cavaliers d'élite se poster dans un taillis près duquel le chef ennemi devait nécessairement passer. Leurs prévisions ne furent pas trompées. Lisier parut, et quoique pris au dépourvu, il se défendit vaillamment; d'Oson eut son cheval tué sous lui; Vergès, Labarthe et plusieurs autres seigneurs qui accompagnaient Barthélemy de Mun et Lubret, furent blessés; mais Lisier voyant la plupart de ses gens hors de combat et apercevant une troupe fraîche accourir contre lui du château de Séméac, s'échappa de la mêlée et s'enfuit vers Dours. Il voulut ensuite regagner la grande route; mais son cheval s'abattit dans un bourbier. Mun, Lubret, Ouroust le suivaient de près. « Grâce, s'écria Lisier! » « Souviens-toi de Baudéan! » lui dirent les chevaliers catholiques et ils le percèrent de coups.

Le catholicisme sembla trahi par la cour lorsque la paix dite de *Monsieur* fut suivie d'un nouvel édit plus favorable aux protestants. Le peuple ne pouvant plus compter sur les Valois, mit sa confiance dans la bravoure de ses seigneurs. Barthélemy de Mun et Sarlaboux se montrèrent dignes d'un tel honneur. En 1576, ils occupaient Trie avec Massez, d'Esclassans, Mont-de-Marrast, pendant que d'Antras défendait Marciac et Beaumarchés. Ces trois chevaliers se trouvèrent réunis quelques mois plus tard sous les murs de Mirande où Henri IV se présenta vainement pour secourir ses alliés. Poursuivi jusqu'à Jegun, le prince de Navarre courut s'enfermer dans la ville de Nérac.

Barthélemy de Mun rentra dans ses terres après un nouvel édit de pacification et signa, en 1578, l'acte de rachat du bois de Bernet vendu par un de ses ancêtres à la communauté de Mun. Treilhe de Bordes, en Bigorre, passa l'acte. Barthélemy recourut au ministère de Dubosc, notaire de Clarac, pour acheter, quatre ans plus tard, une vigne dans la juridiction de Mun.

Nobles demoiselles Hélène, Paule et Françoise de Labarthe, tantes de Barthélemy de Mun, manifestèrent un jour des prétentions exagérées au sujet des droits de leur neveu sur l'héritage de la maison de Labarthe. On eut recours aux décisions du Parlement qui, par des arrêts de 1582, 1583, 1584, assura au chevalier de Mun la tranquille possession des domaines en litige provenant de Jean de Moncorneil, son oncle maternel. Un accord passé devant Landés, notaire, avec les seigneurs de Castelnau, Giscaro, Marestang et Du Lau mit fin, en 1584, à ce long procès, devenu la source de bien des chagrins domestiques. Paule de La Pène donna plusieurs enfants à Barthélemy de Mun, son mari. Les plus connus sont : Jean, son successeur; Alexandre, auteur de la branche des seigneurs Mun-Sarlaboux dont il sera question plus bas, Jean-Blaise reçu chevalier de St-Jean-de-Jérusalem en 1601, Georgette et Miramonde de Mun.

Georgette contracta mariage, du consentement de son père, avec noble Frix d'Ustous, fils de Pierre, seigneur de La Molette, le 19 juin 1588, en présence de Pujol, notaire de Montréjeau. Miramonde accepta, huit ans après, 9 décembre 1596, la main de noble Joseph d'Astorg d'Aubarède, fils puîné de Bernard, baron de Montbartier, vicomte de Larboust, seigneur de Cardeillac, Ludes, Misan, capitaine de cinquante hommes d'armes et gouverneur de Masgarnier. Cette date est la dernière connue de la vie de Barthélemy de

Mun qui dut mourir vers ce temps, car son épouse Paule
de La Pène était veuve en 1599. Elle consentit, le 17
novembre de cette année, donation de ses biens en faveur
de messire Alexandre de Mun, son fils. L'acte fut confirmé
en 1605, devant Viguier, notaire de Montpezat. Paule de
La Pène s'éteignit quelques années plus tard après avoir
fondé, le 12 avril 1608, des prières dans l'église des Minimes de Tournay pour le repos de son âme et de l'âme de
son époux remplacé par

Jean de Mun,

son fils, dans le gouvernement des terres de Mun, Clarac,
Lubi, etc., etc.

Ici commence le partage de la famille de Mun en deux
grandes branches. Jean de Mun et ses enfants représenteront
la branche aînée jusqu'au commencement du xviiie siècle;
les descendants d'Alexandre de Mun aboutiront aux enfants
de M. Albert, comte de Mun, député de Pontivy. Afin
d'éviter toute confusion dans l'esprit du lecteur, attachons-
nous dans ces premières pages uniquement à la famille de
Jean de Mun, Alexandre et sa postérité auront ensuite tous
nos soins. Cette marche est rationnelle et conforme aux
pratiques reçues dans les travaux généalogiques.

Jean de Mun inaugura son administration par l'achat des
terres et seigneuries de Guiserix, Betpouy et Organ, en
Magnoac, aliénées par nobles Hélène, Françoise et Marguerite de Labarthe, filles de feu noble Jean de Labarthe,
seigneur de Montcorneil. Les archives du Séminaire d'Auch
possèdent ce volumineux document du 3 août 1602, revêtu
de la signature de Lavat, notaire de Toulouse.

A la mort de leur mère, Jean et Alexandre de Mun pro-
cédèrent au partage de leurs vastes domaines (19 août 1609),
en présence de Lamothe, notaire royal de Mont-d'Astarac.
L'aîné s'appela chevalier, seigneur de Mun, Belmont, Lamarque, Lube, Clarac, baron de Guiserix, Organ et Betpouy;
le cadet prit le titre des autres terres. Jean, par sa bravoure
et les services rendus à la patrie, sut ajouter à ces titres

multiples dés titres nouveaux et plus glorieux encore. Déjà, avant la mort de sa mère, en 1606, il avait demandé la main de Magdeleine de Goiran, fille de noble Jean, seigneur de Montégut et de Castelnau, et de dame Tersac de Montbéraut. D'Aurignac, notaire d'Auraède reçut le contrat de mariage.

Cet événement se passait au moment où, à la demande du Parlement de Paris, Henri IV devenu de son peuple

......le vainqueur et le père,

consentait, enfin, à reconnaître que, par le fait de son ascension au trône, tous les fiefs mouvants de la couronne y avaient fait retour et devaient y être irrévocablement unis. Le Bigorre et la seigneurie de Mun, par conséquent, se trouva, de cette façon, incorporé au royaume de France dont, jusqu'à ce moment, il n'avait été que vassal. Le chevalier de Mun se voua tout entier à la carrière des armes où, du reste, il s'était déjà conquis un grand renom. On l'avait vu combattre les calvinistes, sous Henri IV, on le trouve maintenant, dans l'armée de Louis XIII, soit dans le Midi de la France, soit dans la double expédition dirigée contre le frère du roy et le duc de Lorraine. Jean de Mun mérita, après le traité de Liverdun, de devenir gouverneur de la citadelle de Dijon, en Bourgogne, tandis que son frère se rendait digne, ailleurs, d'un autre grand commandement.

Arnaud Jean d'Angos, sieur de Boucarés, était lieutenant-gouverneur de la citadelle de Dijon, lorsque, pressé par le besoin, il eut recours à la bourse de Jean de Mun, son supérieur hiérarchique. Celui-ci prit le domaine de Ste-Foy-en-Rivière-Verdun en échange de la somme de 12,000 livres prêtée à son ami et son compatriote. Loin d'imiter le duc de Bellegarde, son protecteur, parvenu au grade de maréchal de France et de gouverneur de Bourgogne pour tomber ensuite dans la plus affreuse disgrâce par le ménagement qu'il garda pour *Monsieur*, frère du roi, Jean de Mun resta toujours à l'écart des intrigues politiques et s'assura, par ce moyen, les sympathies du monarque français.

Les archives du Grand Séminaire d'Auch nous montrent maintenant le seigneur de Mun faisant *hommage et dénombrement* des terres de Mun, Clarac, Belmont, Lamarque, etc., 'en présence du baron de Montégut, sénéchal et gouverneur de Bigorre, assisté de Gratian Dupont, commissaire du Roy. Ses propres vassaux mirent beaucoup d'empressement, le 30 juin 1610 et en 1625, à lui offrir les reconnaissances féodales de Belmont, Lamarque et Lubi, par devant Ramonet, notaire de Tournay.

Les terres de Guiserix, Organs et Betpouy, au pays de Magnoac, vendues en 1602 à Jean de Mun, donnèrent lieu, en 1625, à un accord entre ce gentilhomme et les demoiselles de Labarthe ou leurs héritiers. Ces domaines étaient, paraît-il, grevés d'une hypothèque inconnue de l'acquéreur qui menaça les *venderesses* d'un procès, à la suite des réclamations des chapelains de Castelnau et des consuls de Guiserix. Des amis communs s'interposèrent, heureusement, et un contrat fut signé en 1625, en la *botègue* de Pascal, notaire de Toulouse. Ce document est en entier au chartier du Grand Séminaire d'Auch, sous la rubrique V[5], n° 24. Sa longueur nous en interdit la reproduction.

Montlong, notaire royal de Puntous, en Magnoac, retint le testament de Jean de Mun, le 9 novembre 1643, époque de sa mort, si nous devons en juger par l'absence de son nom dans les registres publics postérieurs à cette date. Le mariage de Jean de Mun avec Magdeleine de Goiran fut béni de Dieu. Il eut de sa femme trois enfants devenus depuis l'honneur du pays de Bigorre. C'étaient : 1° Jean-Jacques, héritier de Jean de Mun; 2° Roger, né le 12 mars 1620, comme le prouve un *extrait de baptistaire* conservé aux archives du Grand Séminaire d'Auch (G[5], n° 94). D'abord chevalier de Malte et capitaine d'une compagnie de mousquetaires à cheval, Roger se distingua dans les guerres de Lorraine et mérita, ensuite, le titre de gouverneur de la citadelle de Dijon, sous le duc d'Epernon, son cousin. Plus tard, renonçant à la carrière des armes, il revint en Aquitaine où il obtint sans peine la main de Paule d'Ustou de la Molette, au nom de laquelle il passa, le 3 mars 1653, une transaction avec Jacques de Montlezun, baron de St-Lary-Betplan; 3° Marguerite de Mun entra, le 4 février 1651, dans la maison de Luppé en devenant l'épouse de Jean de Luppé, baron de Luppé et d'Arblade, au comté d'Armagnac. L'union contractée entre ces deux puissantes maisons deviendra, un jour, plus intime et plus étroite par une alliance nouvelle dont il sera parlé ailleurs.

Selon les calculs les plus probables, Jean de Mun laissa son riche héritage à son fils aîné,

Jean-Jacques de Mun,

à peu près au moment où Louis XIV, sous la régence de sa mère, Anne d'Autriche, prenait les rênes de l'Etat (1643). Il avait épousé, le 9 janvier 1641, Louise de Léomont Puygaillard qui lui donna plusieurs enfants. Louise de Léomont, avec une grande fortune, apporta à son mari l'avantage de nouvelles et flatteuses alliances. La maison de Mun était déjà unie aux familles les plus illustres de Gascogne; en devenant le gendre de Giles de Léomont, chevalier, seigneur de Léomont, baron de Puygaillard, Drudas et Mauroux, Jean-Jacques de Mun ajouta à ses relations toutes celles d'un des plus beaux noms d'Aquitaine.

Ce chevalier est qualifié de *Marquis* dans une foule d'actes publics, titre transmis ensuite à ses enfants. Nos chartes et l'histoire contemporaine sont muettes sur les actions d'éclat qui valurent à ce chevalier une si haute distinction. Mais si nous examinons bien la situation de Jean-Jacques de Mun et les pratiques de l'époque où il vivait, il sera facile de découvrir la cause de cette élévation nobiliaire dans les services rendus à la royauté. Le père de Jean-Jacques fut gouverneur de Dijon, nous l'avons dit plus haut, et cette charge resta longtemps dans sa famille. Or, pendant que les *frondeurs* forçaient le roi de quitter la capitale et d'aller avec sa mère, son frère et le Cardinal, de province en province, poursuivi par ses sujets, les Espagnols, profitant de ces troubles, faisaient de nouvelles conquêtes non-seulement en Catalogne et en Italie, mais encore en Champagne et en Lorraine. Jean-Jacques de Mun, établi à Dijon, défendit avec courage les *marches* ou frontières confiées à son gouvernement, et le titre de *marquis* devint la récompense de sa bravoure, après la bataille de

Réthel où le maréchal Du Plessis-Traslin battit les Espagnols. — Quoi qu'il en soit de notre opinion à ce sujet, les manuscrits du Séminaire d'Auch nous apprennent qu'Alexandre de Mun, fils de Jean-Jacques, hérita du *Marquisat* de son père. Mais avant d'entrer dans les détails de la vie de ce chevalier, donnons un extrait *de la reconnaissance faite par la communauté du lieu de Betpouy à messire Jean-Jacques de Mun*, en 1648. L'histoire féodale trouvera son profit à notre citation. N'est-il pas de mode, en effet, de présenter le peuple comme une race esclave, une immense tribu de parias au moyen-âge? Le manuscrit C², n° 1, du chartier du Grand Séminaire d'Auch va nous apprendre le cas qu'il faut faire des déclamations insensées de la démagogie. Sous le régime féodal, le seigneur n'était pas un roi absolu dans ses terres, gardons-nous de le croire. Lié par des engagements étroits envers ses vassaux, il recevait leurs services en leur promettant aide et assistance quand ils seraient menacés dans leurs personnes ou leurs biens. Il existait entre eux un véritable contrat synallagmatique. Lisons plutôt :

« Aujourd'hui 23ᵉ jour du mois de juin mil six cent qua-
» rante-huit, après midi, régnant Loys, par la grâce de
» Dieu, roy de France et de Navarre, au lieu de Montagut,
» diocèze de Lombez, sénéchaussée de Toulouse, et au-de-
» vant l'Eglise paroissiale dudit Montagut par-devant moy,
» notaire royal soubsigné, présens les témoins bas nommés
» Dominique Becurt et Guillaume Fontholieu, consuls, et
» Gabriel Becurt, baile du lieu de Betpouy, lesquels en ladite
» qualité et tant en leur nom propre que comme procureurs
» des manants et habitants dudit lieu de Betpouy par acte
» de procuration retenu par moy notaire royal soubsigné, le
» 20ᵉ du courant ont de bonne foy et sans fraude advoué et
» recogneu et de certaine science advouent et recognois-
» sent pour leur vray baron, seigneur, justicier futeur et
» directe led. messire Jean-Jacques de Mun illec présent,
» stipulant et acceptant pour lui et les siens à ladvenir et
» confessent tenir en la directe et justice, haute, moyenne
» et basse dud. seigneur de Mun tous les biens qu'ils ont
» et possèdent audit lieu de Betpouy tant en commun qu'en

» particulier et quels qu'ils soient et en quoi que consistent
» soit maisons, prés, bois, jardins, terres cultes ou incul-
» tes.... lesquels ils promettent bailler par déclaration,
» adveu et témoignage de leur fidélité, lesdits consuls et
» baile l'un après l'autre, étant à genoux, tête nuds tant
» pour eux que pour leurs constituants dans ladite Eglise
» ont juré sur le *St-Tegitur* et croix, passion figurée Notre-
» Seigneur d'être bons et fidèles sujets et amphytéotes audit
» seigneur de Mun et à ses successeurs à l'advenir et lui
» porter tout honneur, respect et obéissance et lui donner
» avis, ayde et assistance et aux siens quand l'occasion
» s'en présentera, etc., etc. (suit la déclaration des devoirs
» des vassaux) . . . .

. . . .

» et réciproquement ledit seigneur de Mun, baron de Gui-
» serix, ayant reçu le serment de fidélité desdits consuls et
» habitants dudit Betpouy et la reconnaissance, adveu et
» déclaration qu'ils lui ont présentement faite en la forme
» susdite sans préjudice toutefois d'autres droits et devoirs
» si lesdits habitants en donnent auxcunes, il a pareille-
» ment juré sur le *Saint-Tegitur* et croix, passion figurée
» Notre-Seigneur de sa dextre touchée, de leur être bon sei-
» gneur et loyal et de les maintenir et conserver en leurs
» coutumes, franchises et libertés pour en jouir et user
» comme eux et leurs prédécesseurs ont fait par le passé et
» les protéger et défendre tout autant que luy sera possible
» et faire en leur endroit tout ce qu'un vray seigneur est
» tenu faire envers ses sujets et amphytéotes et de son gré,
» pure et franche vollonté les tient quittes, etc.

» Signé : Jean Sabathier, greffier, notaire
» de Castelnau-Magnoac. »

Et maintenant, je le demande au lecteur, n'avons-nous
pas dans cet acte une réfutation victorieuse des mensonges
historiques répandus à grand fracas dans le monde par une
presse hostile à tout ce qui ne revêt pas les livrées de l'esprit moderne et n'arbore pas les couleurs de la Révolution?
Mais passons.

Jean-Jacques de Mun, avons-nous dit plus haut, trans-

mit son héritage à Alexandre, son fils aîné. Celui-ci eut
deux frères nommés Jean, l'un et l'autre. Ils furent reçus
chevaliers de Malte, le premier en 1672, le second en 1675.
Magdeleine leur sœur contracta mariage, le 5 juillet 1656,
avec François de Verduzan, comte de Miran, par-devant
Laffitau, notaire de l'Isle-Jourdain. Roger de Verduzan,
l'aîné des enfants issus de cette union, se voua comme ses
oncles à la carrière des armes. L'ordre de Malte l'admit au
nombre de ses chevaliers, l'an 1676, dans le grand prieuré
de Toulouse.

Alexandre de Mun,

chevalier, marquis de Mun, seigneur de Belmont, Lamarque, Guiserix, Organ, Montégut, Encausse, Drudas, Puygaillard, Mauroux, Goudonville, n'a pas laissé de grands
souvenirs dans les annales de Gascogne. Les actes publics
signalent rarement son nom et nous donnent à peine deux
ou trois dates précises sur sa vie, qui, du reste, ne fut pas
longue. Mais, jeune encore, il donna une preuve éclatante
d'un courage vraiment chevaleresque; nos chartes nous
diront à quelle occasion. C¹, nº 34. — Jean-Jacques de Mun,
père d'Alexandre, mourut presque à la fleur de l'âge : sa
veuve, Louise de Léomont, convola, pour son malheur,
à de nouvelles noces, elle accepta la main de Jean-Jacques
d'Arbussan, seigneur de Podenas. Homme violent et em-
porté, d'Arbussan ne se contenta pas d'être méchant époux,
il se montra parâtre indigne en ravissant à Alexandre de
Mun les titres de sa famille. Cette conduite irrita le jeune
chevalier qui réclama impérieusement les chartes de sa
maison, tandis que sa mère, abreuvée d'ennuis et d'amer-
tume au foyer domestique, sollicitait du Parlement une
sentence de séparation de corps et de biens d'avec le seigneur de Podenas. D'Arbussan conçut alors le projet d'un
crime horrible : il voulut se débarrasser d'Alexandre de
Mun. Il lui écrivit donc, du château de Mauroux, une lettre
pleine de perfidie. Le jeune chevalier recevait avis que la
remise des titres de Mun aurait lieu entre ses mains, *s'il
venait les chercher lui-même*. Alexandre prit aussitôt le

chemin du manoir de sa mère, parvint sans retard aux portes de Mauroux et fit avertir de sa présence le seigneur d'Arbussan. Celui-ci donna ordre de l'introduire. Alexandre de Mun avait à peine franchi le seuil de l'habitation de son parâtre, lorsque Jean-Jacques d'Arbussan, suivi de ses gens, fond à l'improviste sur le jeune chevalier et le crible de coups. Malgré ses blessures, Alexandre se relève, met l'épée à la main et tient tête à ses lâches agresseurs. Frappant d'estoc et de taille, il se fraie un passage à travers les assassins, parvient jusqu'au seigneur de Podenas, le presse vigoureusement et l'oblige enfin à payer de la vie son criminel oubli des lois sacrées de la chevalerie française et de l'honneur le plus vulgaire. Lui-même, cruellement atteint, tomba sur le théâtre du combat; son cœur semblait avoir cessé de battre, on le crut mort. Les deux cadavres furent présentés à Louise de Léomont dans la *salle* du château. A cette vue, les ressentiments de l'épouse outragée firent place à l'amour conjugal qui se confondit avec la tendresse maternelle, et la douairière infortunée s'évanouit... Son cœur dut battre doucement, toutefois, lorsque, revenue à elle-même, elle apprit que son fils, au moins, respirait encore malgré la profondeur de ses blessures. Le jeune chevalier survécut, en effet, à cette affreuse lutte et reçut, en octobre 1665, des lettres de rémission signées de la main de Louis XIV. — Les chartes du Séminaire d'Auch ne parlent pas des papiers de la maison de Mun; nous ignorons leur sort à la suite de cet événement.

Marie-Anne de Lupé, fille et héritière de Jean, baron de Lupé et d'Arblade désirait ardemment la main d'Alexandre de Mun, son cousin, et lui-même faisait des vœux pour l'épouser. Mais les lois de l'Eglise s'opposaient à cette union, il fallait des dispenses canoniques. L'inclination mutuelle des deux cousins croissant avec les jours, les parents firent solliciter la cour de Rome de lever l'empêchement, et le mariage eut lieu, en 1681, en présence de Lafitau, notaire royal. Alexandre de Mun et Marie-Anne ne goûtèrent que huit années ensemble les douceurs de la vie de famille, car la mort frappa le marquis, en avril 1689. Il laissait un fils unique,

Jean-Paul.

La jeunesse de cet enfant se passa au milieu des changements perpétuels survenus dans le conseil de sa tutelle. Marie-Anne de Lupé, sa mère, et Alexandre de Mun, seigneur de Sarlaboux, sont d'abord préposés à l'administration de ses biens et à son éducation. Le 10 mai 1690, *il consentit, par leur ministère, une reconnaissance et reçu de meubles et effets lui appartenant en faveur de dame Marie-Anne de Lupé, dame d'Arblade, sa mère, et de messire François de Monlezun, seigneur comte de Champagne.* (Chartier du Séminaire d'Auch). Si ce document n'avait pas tant d'étendue, nous le publierions ici, non à cause de son importance historique, mais pour donner une idée des richesses du du château de Mun prêt, hélas! à passer en des mains étrangères et à jamais perdu pour la famille de ce nom, dès la mort du jeune pupille. Cet acte, rédigé par Porte, est signé de la main de ce notaire royal (B⁶,54). — A la mort d'Alexandre de Mun, oncle de Jean-Paul, Hugues de Cazaux, seigneur de Nestier, fut, le 2 avril 1693, nommé tuteur de l'orphelin placé enfin sous une autre direction, peut-être l'année suivante. Sa mère obtint de d'Herbigny, intendant de la généralité de Montauban, en 1692, acte de représentation des titres de la noblesse de la maison de Lupé et de celle de Mun en faveur de Jean-Paul de Mun. Le jeune marquis mourut en bas-âge et sans alliance, laissant à sa mère une immense fortune. Placée à la tête de domaines nombreux et éloignés, elle crut devoir convoler à de nouvelles noces dans l'intérêt même de son fils. Mais Dieu parut se plaire à éprouver cette âme infortunée. François de Montlezun, son deuxième époux, vécut un an à peine; messire Verduzan ne passa que peu d'années près d'elle, et messire de Lupé-Polastron, son dernier mari, mourut sans descendance comme ses deux prédécesseurs.

C'en était fait, ce semble, de la famille de Mun; le château de ce nom était désormais veuf de ses seigneurs! La race des vaillants chevaliers ne s'éteignit pas, cependant,

avec Jean-Paul de Mun; nous allons la retrouver pleine de
vie et d'avenir dans la branche cadette dont M. le marquis
de Mun Sarlaboux est le représentant actuel. Avant de
parler d'Alexandre de Mun, auteur de la branche de Mun-
Sarlaboux, assistons au testament de Marie-Anne de Lupé,
marquise de Mun. Elle choisit N. de Pardeillan, marquis
de Bonas, lieutenant-général des armées du roi, pour
légataire universel, lui laissant le soin de rendre le comté
d'Arblade à la maison de Mun. Le seigneur de Pardeilhan
était sur le point de s'acquitter de son obligation lorsque
le testament, entaché d'un vice de forme, donna lieu à de
violentes contestations. Le seigneur d'Aspe invoqua de pré-
tendus droits sur la terre d'Arblade; les tribunaux se
chargèrent de vider la querelle. Après des débats fort longs
et très orageux, le comté passa aux mains de Jean-Louis,
comte de Mun, brigadier des armées du roi, qui le donna
à Alexandre-François de Mun, son neveu, lieutenant des
gardes-du-corps du roi.

Marie-Anne de Luppé, marquise de Mun, par crainte des
embarras d'une administration trop étendue, avait aliéné, en
1690, les seigneuries de Mun, Belmont, Lamarque, en faveur de Jacques d'Astorg, seigneur d'Aubarède. Nous dé-
plorons doublement cette vente; elle causa, d'abord, la perte
d'une foule de titres importants et fit passer, ensuite, en
des mains étrangères, le manoir auquel l'illustre famille,
objet de cette étude, dut le nom dont elle est encore fière.
Puisque Marie-Anne de Luppé tenait à laisser un souvenir
aux parents de son premier époux, il eût été plus logique
pour elle de leur abandonner le vieux castel à l'ombre duquel tant de braves chevaliers se formèrent, plusieurs siècles, à la pratique de toutes les grandes vertus. Le comté
d'Arblade rappelle de glorieux souvenirs, j'en conviens;
mais ils sont effacés par ceux que réveille dans l'esprit du
lecteur le château féodal du Magnoac, berceau de tant de
courageux soldats.

BRANCHE DE MUN-SARLABOUX.

Barthélemy de Mun, avons-nous dit plus haut, eut de Paule de la Pène, son épouse, plusieurs enfants, parmi lesquels on compte Jean et Alexandre de Mun. L'histoire du premier nous est suffisamment connue, parlons de la famille du second.

Les actes relatifs à

Alexandre de Mun

abondent dans les archives du Grand Séminaire d'Auch, où nous trouvons plus de vingt dates précises sur la vie de ce chevalier. Il paraît avoir été particulièrement cher à sa mère Paule de la Pène. Elle lui fit don de tous ses biens, le 17 novembre 1599, par acte signé de Marque, notaire de Tournay. Quatre ans plus tard, 8 décembre 1603, elle acquit en sa faveur, au lieu de Sajas, un moulin à vent cédé par noble Jeanne de Vèze, dame de Sajas, épouse de noble Louis de Benque. La vente porte le nom de Viguier, notaire royal de Montpezat, appelé le 28 février 1605 à rédiger l'acte par lequel dame de la Pène confirmait à son fils la donation de 1599. Tant de bienfaits joints aux devoirs d'une âme bien née décidèrent Alexandre de Mun à fonder des prières perpétuelles pour le repos de l'âme de sa mère. Aussi le voyons-nous, le 4 septembre 1607, en présence de

Marque, notaire de Tournay, occupé à compter une somme importante aux religieux Minimes de cette ville, chargés de la célébration d'un grand nombre de messes aux intentions de dame de la Pène. Celle-ci ne pouvait douter des bons sentiments de sa famille, mais en chrétienne pieuse et prudente, elle avait elle-même, avant sa mort, assuré les suffrages des vivants à son âme et à l'âme de son époux, en fondant des prières *à perpétuité* dans le même monastère de Tournay.

Alexandre de Mun parut de bonne heure sur les champs de bataille. La vie militaire était, de son temps, imposée à tout homme capable de porter les armes, surtout à un gentilhomme de race. Du reste, les membres de la famille de Mun ont eu l'insigne privilége d'être, dans tous les siècles, les chevaliers de Dieu. M. le comte Albert de Mun s'appelle, aujourd'hui, le chevalier du *Syllabus*, c'est-à-dire des droits de Dieu et de l'Eglise contre l'Athéisme et la Révolution; ses ancêtres furent, autrefois, les soldats du Christ contre le Croissant, le Protestantisme et les ennemis de la France. Alexandre de Mun, d'abord enrôlé en Gascogne où les guerres de religion entassèrent tant de ruines, reconnut l'autorité d'Henri IV après l'abjuration de ce prince et sa conversion au catholicisme. Dès ce jour, le roi ne connut pas de sujet plus fidèle ni d'officier plus dévoué. Aussi l'honora-t-il d'un commandement supérieur dans le régiment de Picardie, et lui écrivit-il de sa propre main, le 4 septembre 1605, pour le remercier d'avoir augmenté le nombre d'hommes de sa compagnie.

Les commotions politiques avaient cessé en France par la signature de l'édit de Nantes accordant aux Huguenots les libertés et priviléges qu'ils n'avaient cessé de réclamer les armes à la main; d'ailleurs, l'Espagne et l'Italie n'inquiétaient plus la frontière. Alexandre de Mun s'éloigna donc quelques jours de son gouvernement de Dijon pour visiter ses amis, en Normandie, où nous le retrouverons dans un instant au milieu des fêtes et des réjouissances de son mariage avec une riche héritière de Gascogne. Il y avait là-bas, en Aquitaine, au fond d'une riante vallée entourée des paysages les plus gracieux des Pyrénées, un antique châ-

teau qui vit naître et grandir un brave défenseur de la religion persécutée par le prince de Béarn, un soldat vaillant
entre tous. Corbeyraud de Cardeillac, seigneur de Sarlaboux, tel était son nom. Créé gentilhomme ordinaire de la
chambre du Roi en 1563, il devint, plus tard, gouverneur
de Dombarre, en Ecosse, du Hâvre-de-Grâce, en France,
chambellan du duc d'Alençon et conseiller d'Etat. Jean de
Cardeillac, son fils unique et son héritier, passa lui-même
les premières années de sa vie au château de Sarlaboux.
Mais quand le bruit des armes retentit à ses oreilles et que
le roi réclama l'appui de son épée, il s'arracha brusque-
ment aux délices de la famille pour prendre part à la défense du Hâvre dont le gouvernement lui fut confié à la mort
de son père. Il y goûta ensuite les bienfaits de la paix, par-
tageant son affection entre son épouse et ses deux filles.
L'aînée s'appelait Jacqueline. Cette enfant avait grandi sous
l'œil de sa mère, et le seigneur de Sarlaboux ne gardait
plus l'espoir de transmettre, avec un riche héritage, ses titres et son nom à un enfant mâle de sa famille. Or, ses
longues campagnes lui avaient appris à connaître le jeune
Alexandre de Mun, son parent. Ne trouvait-il pas dans ce
brave chevalier un fils digne de sa gloire et de la gloire de
ses ancêtres? Il lui offrit la main de Jacqueline. Alexandre
de Mun répondit aux avances du seigneur de Sarlaboux, et
c'est alors qu'il fit le voyage de Normandie où nous venons
de le laisser. Les *pactes* de ce mariage nous paraissent trop
importants pour ne pas en reproduire les principales dispositions.

« A tous ceulx qui ces présantes lettres verront, Lomeron
» écuier, sieur de la Pertandière et de la Brillaye, con-
» seiller du Roy et secrétaire de Mgr le duc de Montpansier,
» pair maison et couronne de France, gouverneur et lieu-
» tenant pour le Roy notre Sire en Normandie etc. salut.
» Scavoir faisons que par devant Andrian et Bouchart
» tabellions royaulx en ladite vicomté, au siége de Sainct-
» Jullian de Foulcon, *furent présents* en leurs personnes
» nobles Jean de Cardeillac sieur de Sarlaboux et de la
» Houblonière demeurant au manoir seigneurial dudit lieu
» d'une part et noble homme Alexandre de Mun cappitaine

» d'une compagnie de gens de pied entretenue pour le Roy
» notre Sire en la ville de Metz, lesquels volontairement et
» sans nulhe contrainte a l'instance l'un de l'autre re-
» cogneurent à leurs faicts et saingtz premier et troisième
» apposés au pied du contract en certain escript et une
» feuille de pappier en forme de traicté de mariage duquel
» escript demeuré en ce tabellionage pour faire registrer la
» teneur ensuit. Pour parvenir au mariage que au plaisir de
- » Dieu sera faict et scellébré en face de saincte Eglise
» catholique, apostolique et Romaine entre noble Alexandre
» de Mun fils de feu Barthélemy de Mun vivant escuyer
» sieur de Mun et de damoiselle Paule de La Pène ses père
» et mère cappitaine dune compaignie de gens de pié an-
» tretenue pour le servisse de Sa Majesté en la ville de
» Metz et demeurant à présent audict lieu dune part et
» damoiselle Jacqueline de Cardeillac seigneur de Sarlaboux
» et de la Houblonière et de dame Jeanne de Callege ses
» père et mère demeurant à présent audict lieu de la Hou-
» blonière en Normandye dautre part. Ledit sieur de Mun
» a promis prandre ladicte damoiselle pour sa fame et
» légitime espouse aux pactions et conditions qui enssuivent.
» Que ledit sieur de Mun luy et ses anffants sortis de ce
» mariage et selon l'ordre de primogéniture prendront le
» nom et armes de la maison dudict sieur de Sarlaboux lors
» après quil sera héritier dudict sieur de Sarlaboux que le-
» dict sieur de Mun baillera et mettera en mains dudict
» sieur de Sarlaboux avant la scélébration des espousailles
» la somme de vingt-quatre mille livres. A scavoir six mille
» livres dans le jour de Toussaint prochainement venant,
» doulze mille a Pasques ensuite et les aultres six mil livres
» un an après la célébration dudict mariage pour estre la-
» dicte somme de vingt quatre mille livres employée en
» acquisitions ou aultrement ainsi quil advisera bon a sa
» vollonté. Après laquelle réception dicelle somme dudict
» sieur de Mun ledict sieur de Sarlaboux a asseuré sur tous
» ses biens et espécialement sur ladicte terre de la Hou-
» blonière pour ce néangmoints que ledit sieur de Sarla-
» boux pourra vandre et disposer dicelle terre a qui bon lui
» semblera etc., etc.

» Ce fut faict et recongneu au manoir sieurial de la Hou-
» blonière le lundy dernier, jour de juillet l'an de grâce mil
» six cents six présents à ce recognoissance M. Pobers,
» Capelle avocat estant au bourg de la Houblonière tesmoins
» qui ont signé avec ledict sieur auxdites reconnaissances.
» Signé : *Andrian* et *Bouchart.* »

Le contrat d'alliance entre Alexandre de Mun et Jacqueline de Cardeillac-Sarlaboux n'était pas sans condition, on
vient de le voir, puisque l'aîné des enfants mâles provenant
de leur union *devait porter nom et armes de Sarlaboux*.
Alexandre de Mun accepta volontiers cette clause du contrat,
car elle n'avait rien que de flatteur pour lui. Le nom de
Sarlaboux était, en effet, un des plus beaux de France : les
guerres de religion et les luttes étrangères lui donnèrent
un lustre sans égal. Nous savons les titres de Corbeyran de
Sarlaboux; son frère cadet en avait d'aussi beaux. De brillants
faits d'armes valurent successivement à Raymond de Cardeillac le grade de chevalier de l'ordre du Roy, de colonel
de l'infanterie française et de gouverneur d'Aiguemortes.
Alexandre de Mun fut donc heureux de se donner tout entier
à la maison de Cardeillac dont il devint l'enfant de pré-
dilection. Loin de se mêler aux agitations des grands du
royaume, le gouverneur de Metz laissa son épée en repos
pour ne l'employer que contre les ennemis de l'Etat.

Nous le trouvons en Gascogne, le 27 janvier 1609, époque
où il donna quittance d'un legs de 152 livres fait aux religieux Minimes de Tournay. D'après les chartes du Grand
Séminaire d'Auch, sa qualité d'héritier de la maison de
Sarlaboux lui valut, en 1613, le titre de *Fondateur et de
Patron* du couvent de Tournay créé par la famille de Cardeillac. Il ne sera pas sans intérêt de raconter ici les origines
de ce monastère étroitement uni à l'histoire de la famille de
Mun. Raymond de Cardeillac, frère de Corbeyran de Sarlaboux, mort au siége d'Oleron, tomba malade à Bagnères-
de-Bigorre en 1591. C'est là, dans la maison de Pierre d'Ar-
qué, marchand, qu'il dicta à Vignaux, notaire royal, le
testament par lequel il instituait Jean de Cardeillac, son

4

neveu, son légataire universel et assurait l'érection du couvent de Tournay. Citons seulement le passage relatif à ce dernier point.

« Ce jourd'hui vingt-huitième d'octobre en 1591, estant
» ledit seigneur de Sarlaboux en la ville de Bagnères au
» comté de Bigorre et dans un lit malade de maladie cor-
» porelle..... a recommandé son âme quand icelle sera
» séparée de son corps, à Dieu tout-puissant et à la Be-
» noiste Vierge Marie et à tous les saints et saintes du Pa-
» radis, élisant la sépulture de sondit corps quand il sera
» séparé de sa dicte âme en une chapelle qui sera bastie au
» lieu appelé Pedarre si les frères minimes de l'ordre de
» Saint-François de Paula autrement dicts de Saint-Roch
» qui font bâtir le couvent que ledit sieur veut y être bâti
» avec les commodités que ledit sieur leur baille comme cy
» après sera déclaré..... Et pour fonder et bastir ledict
» couvent de Saint-Roch baille et constitue ledit testateur
» la somme de sept mille livres tournoises en argent comp-
» tant et outre ce baille la place dudit Pédarre avec ses
» rentes et appartenances et ce du gré et consentement de
» dame Marguerite de Jussan sa femme et loyale épouse
» que ci devant elle a pressé et davantage baille ledit sieur
» la rente qu'il prend annuellement du village de Goudon
» et autres lieux circonvoisins vulgairement appelées les
» rentes de Bugar pour desdites rentes, revenus et intéreths
» d'argent en estre bâti ledit couvent en ladicte place de
» Pédarre ou de Nostre Dame de Tournay au choix desdits
» religieux et illec seront entretenus sept religieux dudit
» ordre, scavoir les quatre qui seront prestres, les deux
» pour l'estre et un frère oublac qui seront tenus faire le
» divin service au dict couvent en la forme que s'ensuit et
» ..... et veut le même sieur que lesdits religieux com-
» mencent à prendre les rentes et intéretz des susdites ter-
» res rentes et argent dès à présent pour commencer à bas-
» tir ladicte chapelle et couvent où a pris et choisi pour sa
» sépulture dudit sieur son frère, de sadicte femme, etc., et
» ce en commençant et continuant ledit bâtiment jusqu'à
» ce qu'il sera parfait. Sy leur baille les ornements néces-
» saires à faire le divin service et ayant bâti ledit cou-

» vent prendront ladicte rente pour leur entretènement
» moyennant quoy ne pourront autre chose demander en
» ses biens etc.. . . . .

» Signé : VIGNAUX, notaire. »

Le couvent des Minimes de Tournay est donc bien l'œuvre du seigneur de Sarlaboux continuée ensuite par Jean
de Cardeillac, son héritier, comme le prouve le testament
de ce gentilhomme classé sous la rubrique de L^3 87 dans
les archives du Grand Séminaire d'Auch.

« Au nom de Dieu soit ainsi, etc. Après avoir recom-
» mandé son âme à Dieu le Père Tout-Puissant, et Jean de
» Cardeillac a dict que lorsqu'il plaira à Dieu que son âme
» se séparera de son corps veut que sondict corps soit ho-
» norablement enseveli et apporté dans le couvent des frè-
» res Minimes de Saint-Roch hors la ville de Tournay
» duquel ledict testateur en est fondateur....., Item veut
» et ordonne ledict sieur testateur et a légué et lègue audit
» couvent pour la perfection d'un cloistre audict couvent la
» somme de cinq cents livres à prendre soixante escus sol
» sur M. de Villambitz ensemble la somme de quarante
» cinq escus sol sur M. de Bazillac et la somme de cin-
» quante escus sol à prendre sur M. de Montela, etc., etc. »

A ces libéralités vinrent s'ajouter encore les largesses
d'Alexandre de Mun et de la branche aînée de sa famille;
nous l'avons vu précédemment. Peu de mois s'étaient écou-
lés depuis le jour où les moines de Tournay décernaient le
titre de fondateur de leur maison à Alexandre, lorsque Marie de Médicis et Louis XIII donnèrent à ce chevalier, capitaine au régiment de Picardie, l'ordre de porter à 100 le
nombre d'hommes de sa compagnie La cour se disposait
alors à arrêter les intrigues des princes, décidée à répondre
aux attaques des rebelles par une défense vigoureuse. Les
sourdes menées du protestantisme n'amenaient pas des con-
flits bien sérieux, mais une certaine agitation se manifestait
particulièrement en Gascogne où, par provision du 19 décembre 1615, Alexandre de Mun fut nommé capitaine-gou-
verneur du château de Montoussé.

Durant son passage au gouvernement du Hâvre, Jean de Cardeillac, seigneur de Sarlaboux, avait contracté mariage avec Jeanne de Calliége (1), dame de la Houblonière, près de Lisieux, en Normandie. Les terres de la Houblonière placées à l'autre extrémité de la France étaient pour le seigneur de Sarlaboux l'objet de mille sollicitudes auxquelles il essaya de mettre fin, le 9 mars 1614, en signant, de concert avec son gendre, *un accord et promesse de vente au seigneur de Torp.* Cinq ans après, étendu sur son lit de mort, il dicta son testament en faveur de Jacqueline, femme d'Alexandre de Mun, à Bonnet, notaire royal de St-Blancard. Voici en quels termes : « .... a le dict testateur (Jean de Cardeillac) » de son bon gré et de sa propre bouche nommé son héri-» tière universelle espécialle et géneralle sçavoir est dame » Jacqueline de Cardeillac, femme audict sieur Alexandre » de Mun, sa fille aînée, pour de tous et chacun les biens » dudit sieur testateur tant meubles que immeubles en que » dessus lieux et pays soit présents et advenir en faire à son » plaisir et volonté à la charge toutefois d'acquitter le légat » de son âme que autres compris et nommés au présent » testament etc.

» Signé : Bonnet, notaire royal. »

Archives du Grand-Séminaire d'Auch (L³, n° 87).

Picqué, juge ordinaire, rédigea, le 21 février 1620, l'inventaire de la fortune de Sarlaboux. Ce travail était à peine terminé, lorsque Alexandre de Mun reçut, le 15 mars, une lettre signée de la main même de Louis XIII qui, préoccupé de la jalousie produite dans le cœur d'un certain nombre de chevaliers par l'élévation de Luines au titre de duc et pair, s'apprêtait à marcher contre les mécontents. La

---

(1) Jeanne de Calliége descendait de parents nobles et illustres par l'antiquité de leur origine comme par leurs actions d'éclat et les services rendus à la patrie. La généalogie de cette famille conservée aux archives du Grand-Séminaire d'Auch, (l¹ n° 6), fait venir cette maison de la Castille et mentionne en dernier lieu Pierre de Calliége, marié avec noble Marguerite, fille du baron de La Chapelle en Normandie. De ce mariage, sortirent « noble Guillaume de Calliége qui fut tué dans une bataille et plusieurs autres enfants et filles desquels la seule madame Jeanne de Calliége, femme à sieur noble Jean de Cardeillac, seigneur et baron de Sarlaboux et autres lieux est restée. »

compagnie d'Alexandre en garnison à Boulogne fut rendue au régiment de Picardie et confiée au capitaine Busca. Le roi, en communiquant cette décision au seigneur de Mun-Sarlaboux, lui confirmait de nouveau le titre de gouverneur de Montoussé. Alexandre put ainsi prolonger son séjour en Gascogne et mettre ordre aux affaires de sa famille. Le 30 mars 1622, il passa, devant Cartier notaire, une transaction avec noble Jean de Mun, son frère, et noble Frix d'Ustou, seigneur de La Molette. Le 5 décembre 1623, nouvelle transaction avec dame Jeanne de Calliége, dame de Sarlaboux et dame Jacqueline de Cardeillac.

Alexandre de Mun dut quitter Sarlaboux vers ce temps, car l'année suivante, 1624, Jacqueline, sa femme, fut chargée de faire, en son nom, une transaction avec dame de Calliége. La signature de Fontan, notaire royal, au bas de la procuration, nous fait croire qu'il était à Montoussé.

Les révoltes incessantes des Huguenots, toujours mécontents, venaient de rallumer la guerre vérifiant ainsi, une fois de plus, le mot si juste de Charles IX : « D'abord vous ne demandiez qu'une petite liberté, bientôt vous voudrez être les maîtres et nous chasser du royaume. » Il suffit d'un appel de Louis XIII pour voir une foule innombrable de gentilshommes du royaume courir au siége de La Rochelle ou voler à la frontière menacée par le Piémont. Alexandre de Mun, un des premiers sous les armes, se montra digne par sa bravoure de franchir rapidement les divers degrés da la hiérarchie militaire. Pourvu d'un brevet de maître de camp par décret royal du 5 octobre 1630, il fut placé à la tête de 15 compagnies de 100 hommes chacune.

Tandis qu'il servait son roi sur les champs de bataille, Marguerite de Mun, sa fille aînée, témoigna le désir de *combattre*, elle aussi, les combats du Roi du Ciel dans une maison religieuse. Le chevalier, souriant à ce projet, donna pouvoir à Messire Jean de Mun, son frère, de consentir à la prise d'habit de Marguerite. Le 28 décembre 1631, le couvent de l'ABONDANCE-DIEU, à Montesquiou-Volvestre, s'ouvrit devant la jeune postulante, par ordre de la prieure, dame Anne de Noé.

Alexandre de Mun profita de la paix laissée à la France

par la soumission de Gaston, frère du roi, pour rentrer en possession de la Houblonière, aliénée par le seigneur de Cardeillac. L'acquéreur de ce domaine ne pouvait sans doute faire honneur à ses engagements, ses biens furent saisis en vertu d'une procuration rédigée par Janson et Louyot, notaires de la ville de Metz, placée sous le gouvernement de Mun. Les détails du procès nous échappent, mais la cause du débat se trouve assez clairement indiquée dans une pièce du chartier du Grand Séminaire d'Auch. La *liasse* G⁵ 94 nous donne, en effet, Charles de Maillac comme beau-frère d'Alexandre de Mun. D'ailleurs, suivant la teneur du contrat de mariage de Jacqueline, une somme de 10,000 livres provenant de la Houblonière devait être comptée à sa sœur le jour même de ses noces. Torp ne paya ses créanciers ni en 1613, époque du mariage de Marguerite de Sarlaboux, ni même en 1630. Alexandre, pressé peut-être par son beau-frère, chercha donc un acquéreur plus solvable, après avoir évincé le premier par autorité judiciaire. Nous venons de nommer la belle-sœur d'Alexandre de Mun. Elle donna sa main à noble Charles de Maillac, dans le château de Bize, diocèse de Comenge, au milieu d'un nombreux concours de parents et d'amis des deux familles. Sans parler des témoins de ces *pactes d'alliance*, donnons l'article du contrat relatif à la Houblonière..... « Ont les-
» dits sieur et dame de Sarlaboux constitué et constituent
» en adot *premièrement* la somme de dix mille livres paya-
» bles le jour des nopces à prendre par lesdits feuteurs ma-
» riés des premiers des deniers qui proviendront de la vente
» de la place dicte de la Houblonière en Normandie,
» etc..... » (Archives du Séminaire d'Auch, G⁵ nº 94.)

La soumission de Gaston, frère du roi, disions-nous tout à l'heure, assura la paix à la France. Hélas! elle n'était qu'apparente. Les Espagnols, irrités contre nous, vinrent, avec six mille Autrichiens, surprendre Philisbourg et Trèves. Ce fut le point de départ d'une guerre longue et cruelle durant laquelle Alexandre de Mun mérita les éloges les plus flatteurs, soit de la part du duc de Lavalette, soit du côté du duc d'Epernon, qu'il remplaça, pendant quatre ans, au gouvernement de la ville de Metz. La robuste constitution du seigneur de Mun ne résista pas à une vie si active et si agitée. Forcé de quitter Metz, à la suite d'une maladie, Alexandre de Mun obtint du duc de La Valette *un congé et un passe-port* pour se rendre aux eaux d'Encausse, voisines de la seigneurie de Sarlaboux. Mais bientôt le mal empira et l'état du chevalier parut désespéré. Marque, notaire royal de Tournay, retint son testament en faveur d'Alexandre, fils aîné du gouverneur de Metz, le 28 mars 1637. Fontan, notaire royal, procéda, le 9 mars 1638, à l'inventaire des biens de la maison de Sarlaboux.

Nos lecteurs nous reprocheront-ils de nous être trop étendus sur la vie d'Alexandre? Nous ne pouvons le croire, car ce chevalier fut un des grands officiers gascons de son siècle; il est, d'ailleurs, l'auteur, le père de la branche cadette de Mun, représentée aujourd'hui par la famille de M. le marquis Jules de Mun-Sarlaboux. A ce double titre, l'histoire lui devait une page à part, que nous compléterons en nommant ici les enfants issus de l'union d'Alexandre avec Jacqueline de Cardeillac : 1° Alexandre de Mun, héritier de son père; 2° Bernard de Mun, capitaine-major du régiment d'Epernon et maître de camp de cavalerie. Il tomba glorieusement sur le champ de bataille de Valence, en Italie; 3° Anne de Mun épousa Fosseries, seigneur de Gonnès, Lizos, Gales, d'ancienne chevalerie, en présence de Barifous, notaire de Saint-Laurent-de-Nestes; 4° Jeanne se maria le 28 mai 1635 avec Antoine de Verdelin, baron de Montégut, capitaine au régiment de Champagne, en garnison à Metz; 5° Marguerite, d'abord simple religieuse à Momères, devint, plus tard, prieure de cette maison de l'ordre de Fontevrault (1655); 6° Catherine, entrée au couvent de l'Abondance-Dieu à Montesquiou-Volvestre; 7° Marie de Mun; 8° Charlotte de Mun, dont nos archives ne conservent que le nom.

Alexandre II de Mun

paraît à la tête de la brillante famille du seigneur de Sarlaboux. Les annales de Gascogne doivent à ce chevalier une mention spéciale, car il fut le digne héritier des vertus de son père et sut maintenir par sa bravoure dans les combats le nom de Mun à la hauteur où l'avait élevé une longue série de soldats intrépides. Il fit ses premières armes dans les guerres interminables de la fin du règne de Louis XIII. L'Europe, alors coalisée contre la France, avait jeté sur nos frontières des armées puissantes et redoutables. Alexandre servit d'abord sous son père et passa plus tard dans un autre corps où il ne tarda pas à faire apprécier ses hautes qualités. Le roi lui-même lui adressa de solennels remerciements pour sa noble conduite en face de l'ennemi.

La première année de son administration à Sarlaboux fut signalée par un procès. Voici à quelle occasion : St-Gaudens payait une redevance annuelle au seigneur de Mun-Sarlaboux. Or, Antoyne de Badelin, beau-frère d'Alexandre et capitaine d'une compagie de la garnison de Metz, voulut un jour lui disputer les rentes de cette communauté. De là, vifs démêlés et longs débats. Un accord signé de Ferrière, notaire royal, y mit fin, cependant, le 6 septembre 1639, comme le prouve une pièce (G⁵, nᵒ 94) du chartier du Grand Séminaire d'Auch.

Le 10 octobre 1643, Alexandre s'allia la maison de Géraut, baron de Barbazan, au pays de Nébouzan, en devenant l'époux de Gabrielle de Mauléon, fille de Géraut. La patrie toujours en danger l'appela bientôt sur les champs de bataille. Il quitte donc la Gascogne peu d'années après son mariage, court rejoindre son régiment et prend part aux mémorables campagnes du commencement du règne de Louis XIV heureusement terminées, en 1648, par la paix de Munster, conclue entre le roi de France, l'empereur Ferdinand III, Christine, reine de Suède, et les Etats de l'Empire. D'enseigne à la compagnie *colonelle*, Alexandre II de Mun fut envoyé au régiment de Picardie, en Normandie, avec le titre de capitaine, par décision du 22 novembre 1650. L'intrigue des Princes conjurés contre le roi fut impuissante sur le cœur du jeune officier. Le 10 novembre 1651, une lettre du duc d'Epernon lui apporta les témoignages de félicitation du monarque dans l'armée duquel il avait servi en qualité d'aide de camp. Vers cette époque, dame Jeanne de Caliége, veuve de messire Jean de Cardeillac dictait,

(13 octobre 1650) à Peyrega, notaire du Bourg, le testament par lequel Alexandre de Mun était déclaré héritier de ses biens.

L'année suivante, le roi se proclama majeur dans un lit de justice tenu par son ordre. Le moment paraissait bien choisi, car l'armée respirait un peu grâce à l'éloignement de Mazarin, retiré à Cologne. Mais tout à coup le retour du cardinal rallume la guerre civile, et Alexandre de Mun se retrouve au milieu des dangers des batailles. Quels furent ses exploits ? quelles récompenses vinrent s'ajouter aux honneurs précédemment reçus ? Nous l'ignorons. Les archives du Grand Séminaire d'Auch manquent de précision à ce sujet, nous voici condamnés à ne plus leur emprunter que des dates relatives à la vie de famille du seigneur de Sarlaboux.

La terre de la Houblonière donna lieu, on s'en souvient, à de longs démêlés sous l'administration d'Alexandre I de Mun. Son fils jouit paisiblement de ce domaine et le vendit par acte du 6 juillet 1659. Il acheta vers le même temps les droits du roi au lieu de Sarlaboux, sa patrie. Le 29 novembre 1662, Barifous, notaire de St-Laurent, rédigea *un accord et transaction* entre Alexandre de Mun et messire Jean-Jacques de Mauléon, baron de Barbazan, au sujet de la dot de Gabrielle de Mauléon, sœur de ce dernier. La terre de Clarac sortie de la maison de Mun par la mort de Jean-Paul de Mun y fit retour en vertu d'un acte d'achat du 20 novembre 1662 signé d'Arnaud, notaire de Toulouse. Vers le même temps, nous racontent les chartes du grand Séminaire d'Auch, il travaillait à composer un volumineux dossier afin d'établir *ses droits de francs-fiefs* contre M. de Thuy, l'un de ces commissaires financiers du gouvernement de Louis XIV dont le regard cherchait partout de nouvelles terres susceptibles d'impôt. La plupart des documents fournis par Alexandre de Mun à cette occasion ont péri; mais leur nomenclature détaillée se trouve dans la liasse (G[5], n° 94) de nos archives. Rien ne nous parle des suites de cet incident; en retour, nous savons que les événements appelèrent le chevalier de Mun dans la ville de Metz où il prit le titre de gouverneur en l'absence des ducs de Lavalette et

d'Epernon (G⁵, n° 94). Il s'y trouva entouré d'autres seigneurs gascons auxquels il prodigua toujours les marques
de la plus cordiale sympathie; il leur permettait même, au
besoin, de puiser largement dans son épargne personnelle.
Noble Louis de Mansencôme, capitaine au régiment de
Piémont, se trouvant dans la nécessité, son ami, le marquis
de Mun, lui ouvre sa bourse avec générosité. Au dire de
Louyot, notaire royal de Metz, dont l'acte est déposé dans
nos archives, Alexandre donna à Mensencôme *manuelle-
ment et comptant* la somme de trois mille livres.

De retour en Gascogne, il ajouta, en 1676, une nouvelle
terre à ses immenses possessions. Nous voulons parler du
domaine de Pédarre cédé par Raymond de Cardeillac aux
Religieux minimes de Tournay et revendu par ces derniers
au marquis de Sarlaboux, en vertu d'un acte portant la signature de Sales, notaire royal. Alexandre montra de la
fermeté contre M. de Thuy, commissaire des finances, en
1662, lorsqu'on le menaçait de porter atteinte à ses droits
les plus incontestables, mais en 1675 et 1678, il se hâta de
présenter le dénombrement des seigneuries de Clarac et de
Fourni, sujettes à certaines taxes.

La lecture des vieilles chartes nous révèle souvent la
prudence chrétienne de nos pères. En général, ils n'atten-
dent pas l'heure de la mort pour arrêter leurs dispositions
testamentaires. « Comme rien, disent-ils, *n'est plus certain
que la mort ni plus incertain que le* moment *d'icelle moi,
etc.,* » — et ils dictent au *collecteur de notes* ou notaire royal
leur dernière volonté. Telle fut la conduite de dame Gabrielle
de Mauléon, épouse de messire Alexandre de Sarlaboux-
Mun dont Lassus, notaire royal à Montréjeau, rédigea le
testament, le 14 septembre 1686.

Peu d'années avant cette date, Alexandre de Mun, cé-
dant aux pieux désirs d'une de ses filles, avait donné Marguerite de Mun au couvent de Momères, ordre de Fontevrault.

Des événements graves s'accomplissaient alors en France
où le bruit des armes ne cessait de retentir.

Alexandre de Mun aurait voulu se mêler à ces luttes,
mais, trahi par son âge avancé, il se vit condamné à ne

plus servir la patrie que dans la personne de ses fils enrôlés sous les bannières de Louis XIV.

Alexandre II de Mun-Sarlaboux eut huit enfants : 1° Alexandre III de Mun, son héritier; — 2° Jean René, chevalier de l'ordre de Malte au grand Prieuré de Toulouse (1671); — 3° César de Mun, qui fit donation des terres de Bize, Nestes, Subrac, à son neveu Alexandre de Mun, le 2 octobre 1709, par acte passé à Trésgrose, dans le Bas-Limousin; — 4° François, seigneur de Clarac, maître de camp de cavalerie;—5° Thérèse, épouse de François de Verdelin, seigneur d'Aventignan, Bourepayre, etc. L'acte de mariage porte la signature de Guchan, notaire de Bourg, et la date du 27 janvier 1695; — 6° Anne fut donnée en mariage à Jean-Emmanuel de Timbrune, marquis de Valence, le 5 février 1701, en présence d'Estèbe, notaire de Toulouse; — 7° Catherine de Mun donna sa main à Paul de Cardeillac, seigneur de Loumé, le 21 février 1664, par contrat de mariage signé de Peyrega, notaire de Bourg. Le château de Sarlaboux fut témoin des fêtes données à cette occasion aux nombreux parents et amis des deux époux. Voulez-vous avoir la physionomie de cette solennité nuptiale? Lisez les premières lignes des *Pactes de mariage* classés dans les archives du Grand Séminaire d'Auch, sous la rubrique B⁶, n° 54.

« L'an mil six cent soixante-quatre et le 21° jour du mois de février, au lieu de Salaboux et dans le château et maison seigneuriale, après midy, diocèse de Tarbes, sénéchaussée de Toulouse et viguerie de Mauvezin, pardevant moy, notaire royal soussigné, et présents les témoins bas nommés, constitué en sa personne messire Paul de Cardeillac, seigneur de Montaignac, assisté de messire Bernard de Cardeillac, prêtre, docteur en sainte théologie et archiprêtre de Campistron, son oncle, Jean-Jacques de Cardeillac, seigneur d'Ouzon, Bernard de Cardeillac, chevalier, son frère et cousin dudit seigneur de Montaignac, Jean-Jacques de Cardeillac, sieur de Mauvezin, Jean de Cazaux, sieur de Bize, Charles de Bellegarde, sieur de Montaignac et Louis de Cardeillac, sieur de Lagoute, d'une part, et damoiselle Catherine de Mun, assistée de Messire Alexandre de Mun de Cardeillac, seigneur baron de Sarlaboux et autres places et dame Gabrielle de Mauléon ses père et mère, messire Jean-Jacques de Mauléon, seigneur, baron de Barbazan, son oncle maternel, Jean D'Astarac, sieur du Thuy, Gabriel d'Astarac, prêtre recteur d'Esparros, ses oncles paternels, Jean Anthoyne de Verdelin, seigneur, baron de Montagut, François de Monserié, sieur de Bury, François de Baretge, sieur de Tilhouse, Alexandre de Verdelin, baron de Montagut, Jean Antoine de Verdelin, sieur de Lombrès, Charles de Monserié, sieur de Bagirij, Raymond de Baretge, fils dudit sieur de Tilhouse, Carbon de Sarra et Jean de Boussé, sieur de Lagrange, d'autre part. Lesquels de leur bon gré et volonté ont faits et passés les présents pactes et conventions matrimoniaux, etc., etc. »

. . . .

. . . .

D'après la teneur du contrat, Catherine de Mun reçut une dot de 10,000 livres et la jouissance des terres de Bulan; son mari fut constitué héritier universel du seigneur de Cardeillac. 8° Enfin Marguerite-Jeanne de Mun, dernière fille d'Alexandre, devint l'épouse de Ducasse, seigneur de Bastillac, et mourut sans enfants.

Nous avons à peine nommé

Alexandre III de Mun

dont les commencements militaires nous sont inconnus. Des documents certains nous autorisent, du moins, à le compter dans les armées royales pendant les guerres comprises entre la paix de Breda conclue en 1667, et le moment où Turenne passant le Rhin à la tête de 12,000 hommes attaquait l'Electeur de Brandebourg et le forçait à demander la paix. D'abord classé dans les bataillons de l'armée de terre, le chevalier de Mun passa plus tard dans un régiment de marine où un avancement rapide fut la récompense de sa bravoure et des services rendus à l'Etat. Par décision du 27 avril 1673, il fut promu au grade de capitaine dans le régiment royal des vaisseaux. Nul doute qu'il n'ait été présent au mois de juin 1672 au combat si vif des Anglais et des Français contre la flotte hollandaise commandée par Ruiter et qu'il n'ait assisté à la lutte des mêmes adversaires aux mois de juin et d'août de l'année suivante. Si l'aliénation de la terre de Mun n'avait fait disparaître une foule de pièces importantes, nous pourrions, à.coup sûr, suivre encore Alexandre III de Mun dans les longues guerres du règne de Louis XIV jusqu'au traité de Nimègue. Il paraît s'être éloigné alors de l'armée, où sa présence n'était plus aussi utile puisque l'Europe vaincue par le grand roi consentait, enfin, à vivre en paix avec la France. Retiré dans son château seigneurial de Sarlaboux, il faisait succéder les charmes de la vie des champs aux agitations de la guerre lorsque, malgré sa 44e année, il prêta l'oreille à des offres de mariage. Le 25 janvier 1687, Sabathier, notaire de Castelnau-Magnoac, rédigea l'acte par lequel Alexandre III de Mun, marquis, seigneur de Sarlaboux, etc., épousait *damoiselle* Brandelise de Lamarque, fille de Pierre-François de Lamarque, seigneur de Gensac, Sédeillac, et de dame Julienne de Timbrune-Valence.

Nous venons d'ajouter le titre de *marquis* au nom d'Alexandre III, connu dans les actes publics de son temps sous la désignation de chevalier, baron de Mun, seigneur de Bizes, Clarac, Bulan, Esparros, Anères, etc. Cette qualification appartint à ses ancêtres comme elle sera l'apanage de ses descendants, en vertu d'une concession des rois de France qui reconnurent souvent les services rendus à la patrie par cette distinction honorifique. Quatre ans après son mariage, Alexandre III hérita d'une immense fortune. Noble Jacques de Mauléon, son oncle maternel, le déclara son légataire universel par testament du mois de décembre 1691. Tant de trésors ne le mirent pas à l'abri des infirmités humaines; il tomba malade peu de mois après avoir accepté la tutelle de Jean-Paul, dernier rejeton de la branche aînée de Mun, et mourut dans l'année 1692. Il laissait dans la désolation une épouse bien-aimée avec cinq enfants dont le doux sourire lui fit oublier tant de fois, au foyer domestique, les longues misères de la guerre et les épreuves des combats.

Son père, vénérable vieillard courbé sous le poids des ans, vivait encore à cette époque, mais il ne tarda pas à suivre son fils dans la tombe. Le 5 juillet 1700, Lassus, notaire royal, retint le testament, en vertu duquel Pierre-Alexandre de Mun était déclaré légataire universel du seigneur de Sarlaboux. Ces dispositions furent connues seulement le jour où Brandelise de Lamarque, tutrice des enfants d'Alexandre III, fit ouvrir le testament de son beau-père par Morère, *collecteur de notes ou garde-notes* du village de Bize, c'est-à-dire le 5 septembre 1705. Le même notaire écrivit les dernières volontés de la veuve d'Alexandre III, le 6 avril 1715. Brandelise avait eu de son mari les cinq enfants qui suivent : 1º Pierre-Alexandre, marquis de Mun; 2º César de Mun; 3º Jean-Louis, comte de Mun, brigadier des armées du roi. Il mourut en 1774; 4º Julienne-Alexandrine-Marie de Mun, mariée le 7 octobre 1709, à Charles-Aymery de Gontaut-Biron, marquis de St-Blancard, en présence de Lassus, notaire de Montréjeau. Julienne mourut en 1767, laissant un fils unique du nom d'Arnaud-Alexandre de Gontaut, comte de Gontaut; 5º Isabeau, religieuse de l'ordre de Fontevrault, à Langages.

L'un des derniers actes connus de la vie de Brandelise fut la transaction signée avec Jean-Emmanuel de Timbrune, marquis de Valence, au sujet de ses droits à l'héritage paternel. Les archives du Grand Séminaire d'Auch nomment, parmi les témoins du contrat, dame Izabeau de Lamarque, veuve de messire Jean-Paul de Lordat, seigneur de Castagnac, fille héritière de feu Pierre-François de Lamarque, seigneur de Gensac.

Pierre-Alexandre de Mun,

fils aîné d'Alexandre III de Mun, donna de bonne heure des signes éclatants de sa vocation militaire. L'exemple de ses pères, le souvenir de leurs exploits auraient suffi pour le jeter dans les hasards des combats; mais une pensée plus noble que ce sentiment de légitime vanité le décida à s'enrôler dans les armées du Roy. Ce chevalier n'a que dix-huit à dix-neuf ans, et voyez-le déjà sur les champs de bataille. C'est le moment où le duc de Lafeuillade s'empare, en Italie, de Villefranche, du Château, de Nice, etc., tandis qu'en Allemagne et de l'autre côté des Pyrénées Villars et Barwick battent les alliés !... Pourquoi donc les annales du temps sont-elles si avares de détails sur la conduite du chevalier de Mun pendant les luttes héroïques des premiers jours du xviiie siècle? Nous serions si heureux d'être témoins de ses exploits !... Elevé au rang de capitaine à l'âge de 20 ans, Pierre-Alexandre de Mun honora plusieurs années ce grade et l'échangea successivement contre celui de lieutenant-colonel au régiment de Pologne, en 1708, et de maître-de-camp des armées du roi, en 1721. Il venait de contracter mariage avec Michelle de Caillavet, fille de noble Jacques du Filhol, seigneur de Lagors, et de dame Elisabeth de Bats, et petite-fille d'Anne-Monlezun. Le contrat passé à Lupiac fut retenu par Amade, notaire de cette ville, le 29 octobre 1720. Le seigneur de Sarlaboux consentit, le 6 février 1720 et le 17 juin de la même année, en présence de Barrère, notaire royal de Tarbes, deux obligations; l'une en faveur de dame Jeanne de Mun, sa grand'tante, veuve de Ducasse, l'autre pour messire François de Mun, son oncle, lieutenant-colonel du régiment de Monteilh, cavalerie, en garnison à Saint-Jean-d'Angely. Fidèle aux prescriptions légales, Pierre-Alexandre-François de Mun se rendit devant la cour des comptes de Pau, en 1722, pour y faire foi et hommage de sa terre de Clarac. Le domaine de la Salle de Lagors, près de Lupiac, fut vendu par le seigneur de Mun, le 17 juin 1730, en vertu d'un acte signé de Ducasse, notaire d'Ozon, et du consentement de Michelle de Caillavet.

La guerre ayant éclaté entre le roi et l'empereur Charles VI, à l'occasion de la couronne de Pologne, en 1733, Louis XV jura de venger l'insulte faite à son beau-père Stanislas. La noblesse de France entendit l'appel du monarque, et bientôt deux armées commandées par les plus grands généraux de ce temps s'acheminèrent vers l'Allemagne et l'Italie. Pierre-Alexandre de Mun prit part à l'expédition, où il dut signaler ses armes, car les archives du Grand Séminaire d'Auch nous apprennent que, le 25 août

1734, ce chevalier fut reçu dans l'ordre royal et militaire de Saint-Louis. Cette date et celle de la mort du marquis de Mun-Sarlaboux, en 1741, sont les deux dernières connues de la vie de ce seigneur dont Dieu se plut à bénir l'union avec Michelle de Caillavet, puisqu'il lui donna douze enfants. C'étaient : 1° Jacques-Alexandre de Mun, qui suivit comme son père la carrière des armes, où il obtint le grade de cornette. Il mourut en 1742; 2° Jean-Antoine. Il en sera question plus loin; 3° Charles, né le 31 octobre 1727, se voua aux autels. Il était vicaire-général et archidiacre de Commenge lorsque la mort le ravit à l'Eglise; 4° Alexandre-François de Mun nous occupera après son frère Jean-Antoine; 5° Bernard, vicomte de Mun, prit le parti des armes et servit dans un régiment de dragons dont il devint colonel; 6° François de Mun, abbé de Sarlaboux, mourut encore jeune; 7° Elisabeth de Mun prit le voile; 8° et 9° Marie et Anne imitèrent l'exemple d'Elisabeth. Nous les voyons entrer au couvent des Ursulines de Saint-Gaudens; 10° Anne-Alexandrine prit au contraire le parti du monde en se mariant avec le comte de Castelpers, seigneur de Devèze; 11° Bernarde-Elisabeth donna aussi sa main au marquis de Chapuis, seigneur du Bézéril; 12° Enfin, Anne-Henriette de Mun demanda un asile à la maison des Ursulines de Tarbes.

Les notes recueillies sur Pierre-Alexandre de Mun seront complètes, si nous empruntons un dernier détail au chartier du Grand Séminaire d'Auch. « Michelle de Cardeillac, veuve du marquis de Mun, demanda au sénéchal de Toulouse une ordonnance l'autorisant à vendre, en sa qualité de tutrice des enfants mineurs, le domaine et seigneurie de La Lane au lieu de Cardeillac (12 septembre 1744). »

A la mort de Pierre-Alexandre de Mun, son fils aîné,

Jean-Antoine de Mun,

marquis de Sarlaboux, seigneur de Bize, Nistos, Clarac, Asque, Bulan, Anères, etc., prit la direction des affaires de sa famille et embrassa, de bonne heure, la carrière des armes, se montrant ainsi le digne héritier des vertus mili-

taires de ses ancêtres. La guerre provoquée par la question
de la couronne de Pologne fournit au jeune chevalier l'occasion de signaler son courage. Il eut le grade de cornette
au régiment de Noailles pendant la guerre si glorieuse et
si fatale à la fois de la France contre l'Autriche et l'Angleterre. La paix conclue à Aix-la-Chapelle, le 18 octobre 1748,
permit à Jean-Antoine de Mun de retourner en Gascogne,
l'année suivante. Un brillant mariage l'y attendait. Ses belles qualités valurent au jeune chevalier l'avantage d'une
alliance étroite avec une maison des plus illustres d'Aquitaine. Le 1er août 1749, Marie-Catherine de Binos, fille de
Louis, seigneur, baron de Clarac, en Commenge, et de
dame Catherine de Bernault de la Pointe, devint l'épouse
de Jean-Antoine de Mun. Sa haute position procura encore
au seigneur de Sarlaboux la faveur d'être appelé, peu de
temps après, à l'honneur de présider comme syndic la noblesse des Etats de Bigorre. Les mémoires du dernier siècle nous ont conservé le souvenir d'un bien petit nombre
d'événements de la vie de ce chevalier. C'est à peine si nous
savons qu'après avoir fait foi et hommage pour la seigneurie de Clarac et Sarlaboux, le 25 juin 1765, il fut invité à
fournir le dénombrement de ses terres d'Aspe et de Bulan,
en 1778.

Les manuscrits du séminaire d'Auch nous apprennent le
nom et les titres des enfants de Jean-Antoine de Mun :
1º Alexandre-Jean-François de Mun, marquis de Sarlaboux,
né en 1758, servit dans les armées royales; 2º François-
Antoine, né en 1760, fut page de la reine en 1775; 3º Pierre-
Jean-François embrassa l'état ecclésiastique; 4º Marie-
Jeanne de Mun vint au monde en 1753; 5º Marie-Brigitte-
Alexandrine, le 30 octobre 1762; 6º Marie-Louise-Rosalie,
le 5 mars 1768; 7º Elisabeth-Charlotte-Paule-Nicolas-So-
phie-Melchior, le 23 septembre 1774; et enfin 8º Armande-
Alexandrine-Andrée-Françoise-Honorée-Charlotte-Julie,
naquit le 3 mars 1778.

Jean-Antoine de Mun vécut assez pour assister aux scènes lugubres de la Révolution qui allait couvrir la France
de ruines et de sang après avoir promené le fameux *niveau
égalitaire* sur la noblesse iniquement chassée de ses do-

maines et souvent condamnée à l'exil. Jean-Antoine vit, sans trop s'émouvoir, ses biens et sa fortune devenir la proie des pillards. Son fils aîné,

Alexandre-Jean-François de Mun,

méprisant comme son père les menaces et les clameurs des bandits de 1793, se retira dans ses terres de Clarac, près de Tarbes.

Né dans cette dernière ville, le 5 juillet 1758, Alexandre-François parvint au rang de premier page de la reine en 1775, fut nommé sous-lieutenant au régiment de Noailles en 1777, et mérita, deux ans plus tard, le grade de lieutenant dans la première compagnie des gardes-du-corps du Roi. Admis à faire ses preuves de noblesse par devant M. Chérin, généalogiste du cabinet des ordres du Roi, il obtint les honneurs de la cour le 4 avril 1786.

Louis XVIII lui conféra, en 1814, le titre *de maréchal des camps et armées du roi* avec la croix de chevalier de l'ordre royal et militaire de St-Louis. Le marquis de Sarlaboux avait épousé Marie-Anne de Castéra-Larivière, dont il eut un fils, mort sans postérité.

François-Antoine de Mun

hérita de la fortune et du nom du marquis de Sarlaboux, son frère. Il était né en 1760. A l'âge de quinze ans, il fut reçu à la cour parmi les pages de la reine et embrassa, peu de temps après, la carrière des armes où ses remarquables talents lui valurent un avancement rapide et de flatteuses distinctions. Déjà officier, en 1780, au régiment de Noailles, il passa, ensuite, dans le 6e régiment de chasseurs à cheval et fut honoré de la décoration de chevalier de l'ordre royal et militaire de St-Louis. La vue des ruines amoncelées en France par les hommes de la Révolution découragea l'âme de ce chevalier qui, pour se soustraire aux dégoûts d'un si navrant spectacle, alla demander un asile à l'Angleterre. De retour dans sa patrie, il se fixa à Toulouse, se maria en 1802 avec Marie-Anne de St-Félix et devint père de deux enfants : 1° Mlle Marie-Alexandrine, sa fille aînée, naquit en 1803 et s'allia à une illustre famille de Gascogne en donnant sa main à M. Hector-Joseph-Gustave, comte de Comenges. Elle est morte en 1868; 2°

M. Jules-Célestin-Fortuné, marquis de Sarlaboux,

né le 10 janvier 1810, a épousé Mlle Marie-Anne de Montaut-Brassac, issue d'une maison célèbre dans les fastes de l'histoire méridionale de la France. Un nom brillant, d'éminentes qualités, des relations puissantes n'ont pas été capables de pousser le marquis de Mun-Sarlaboux à briguer les honneurs publics. Fidèle aux traditions de sa famille, il a vu passer avec indifférence les divers gouvernements nés de la Révolution sans songer à obtenir une place à leur soleil. Sa vie s'est écoulée et se passe encore, heureuse et tranquille, au milieu des joies domestiques; Toulouse et la délicieuse résidence de Gensac, près de Boulogne, se partagent tour à tour les loisirs du seul représentant actuel de la branche aînée de la maison de *Mun-Sarlaboux*. Dans des temps meilleurs, on eût vu M. le marquis de Sarlaboux mettre ses lumières et son talent au service de son pays : un des fruits de la Révolution qui nous étreint depuis cent ans aura été encore de priver la patrie du concours intelligent et éclairé d'un citoyen au cœur grand et généreux!

BRANCHE CADETTE DE MUN.

La famille de Mun a sa place marquée parmi les chevaliers qui s'illustrèrent dans les premières années du règne
de Louis XVI; nous l'avons vu en parlant des fils de Jean-
Antoine de Mun.

Alexandre-François,

auteur de la branche cadette de Mun, représentée aujour-
d'hui par M. le marquis de Mun, maire de Lumigny en
Seine-et-Marne, et père de MM. Robert et Albert de Mun,
occupe une page glorieuse dans l'histoire militaire de la
seconde partie du xviiie siècle. Jeune encore, il embrassa,
comme son frère, la carrière des armes où il parvint rapidement aux grades les plus élevés. D'abord capitaine au régiment de Noailles, cavalerie, il reçut plus tard le brevet de
lieutenant des gardes-du-corps du roi et fut enfin élevé au
rang de brigadier des armées du roi, au mois de mars 1780.
Un tel avancement parle assez haut en faveur des grandes
qualités du comte de Mun, l'un des plus braves officiers de
l'armée placée, en 1759, sous les ordres de M. de Broglie.
La France était en proie, à cette époque, aux déloyales et
incessantes attaques de l'Europe entière; la *guerre de Sept-
Ans* se poursuivait avec des résultats divers pour nos dra-
peaux. Battu devant Berghem, village occupé par les trou-

pes françaises, le 13 avril 1759, le prince de Brunswick promit de venger son échec. Malgré des efforts désespérés, il ne put cependant empêcher le duc de Broglie de s'emparer, l'épée à la main, de la ville de Minden, sur le Weser, le 9 juillet de la même année; mais vingt jours plus tard, il prit sa revanche en forçant le maréchal de Contades à battre en retraite sur Cassel, après avoir perdu la bataille de Minden, où Alexandre-François de Mun tomba glorieusement blessé sur le champ de bataille. Sa noble conduite, dans cette mémorable journée, lui valut une récompense militaire. De chevalier de Saint-Louis, il devint commandeur du même ordre. Louis XVIII le fera plus tard grand-croix et lui conférera le titre de lieutenant-général de l'armée royale. Malheureusement, il jouit peu de ces dernières distinctions, car la mort le surprit le 16 mars 1816.

Alexandre-François de Mun sut allier les devoirs de la vie militaire avec les douces jouissances de la littérature. Voilà, sans nul doute, le motif de ses relations avec les savants du dernier siècle, et peut-être aussi la raison de son alliance avec la fille du célèbre Helvétius, qui lui apporta pour dot la magnifique terre de Lumigny, en Seine-et-Marne. Tout occupé de la célébration de son mariage, en 1772, le comte de Mun, seigneur d'Anères, d'Arblade, de Lupé, Bascoles, etc., perdit de vue ses domaines de Gascogne. De là, ces embarras signalés dans son administration par deux actes déposés aux archives départementales du Gers et gracieusement mis à notre disposition par M. Parfouru, archiviste à Auch. Le 5 mai 1772, il adressa une requête aux trésoriers-généraux des finances de la généralité d'Auch pour obtenir annulation de la saisie féodale prononcée sur la seigneurie d'Anères, en la jugerie de Rivière. Des lettres patentes du roi venant à l'appui de la supplique, il obtint sans peine *main-levée* et put rendre foi et hommage, le même mois, par l'entremise d'un procureur fondé.

Demoiselle Charlotte Helvétius, fille d'Adrien Helvétius et de demoiselle de Ligneville, rendit Alexandre-François de Mun, son époux, père de deux enfants. C'étaient : 1º Adrien-Pierre, d'après les manuscrits du Séminaire d'Auch, ou Jean-Antoine-Claude-Adrien, selon la *Biogra-*

phie universelle de Michaud; 2° Claire-Julie de Mun, morte à l'âge de seize ans.

Le comte

Claude-Adrien de Mun

naquit le 19 décembre 1773 et fut admis au nombre des gardes-du-corps du roi à l'âge de 15 ans. Nous le trouvons après la tourmente révolutionnaire, non pas en Gascogne, mais en Brie, dans le canton de Rosoy, dont il devint le représentant au conseil général de Seine-et-Marne dès les premiers jours du Consulat. L'Empire chercha à s'attacher un homme d'une si grande naissance en l'élevant aux plus hautes dignités de l'Etat. M. de Mun, désireux d'être utile à son pays, même sous un gouvernement qui n'était pas de son choix, travailla au bonheur de ses concitoyens sous Napoléon, mais ne consentit jamais à faire le sacrifice des traditions de sa famille.

Nommé chevalier de la Légion d'honneur en 1811, le comte de Mun reçut le même titre dans l'ordre de Saint-Louis, aux premiers jours de la Restauration, et fut élevé au rang de pair de France en 1815. Le roi ajouta à ces libéralités envers la famille de Mun, des lettres patentes « portant institution de majorat au titre de marquis et pair héréditaire. »

Claude-Adrien de Mun fut, pendant plusieurs années, appelé à l'honneur de présider le Conseil général de Seine-et-Marne. Il remplissait encore cette intéressante fonction à la révolution de 1830. A dater de cette époque, il se consacra tout entier aux travaux de la Chambre des pairs et combattit énergiquement les principes révolutionnaires qui, malheureusement, finirent par pénétrer dans cette enceinte autrefois si respectable, et ce grand corps, au lieu de conserver sa physionomie propre, son caractère indépendant, devint une machine gouvernementale au service des divers ministères qui se succédaient avec tant de rapidité.

Le comte de Mun avait épousé, en 1805, la fille du duc Wolfgang d'Ursel, alliée à plusieurs maisons princières d'Allemagne et descendant de la reine Marie Stuart, comme le prouve la table suivante empruntée à l'*Histoire généalogique des Croisades* de M. Amédée Boudin. « Jacques Ier, fils de Marie Stuart, eut pour fille Elisabeth Stuart, mariée à Frédéric V, électeur palatin, roi de Bohême, dont elle eut : Edouard, prince palatin, qui laissa d'Anne de Gonzague, princesse palatine, Marie-Louise, femme de Charles, prince de Salm. Eléonore, leur fille, épousa Conrad, duc d'Ursel, dont est issu : Charles, duc d'Ursel, chevalier de l'ordre de la Toison-d'Or, lieutenant-général et gouverneur de Bruxelles. Il avait épousé Eléonore, princesse de Lobkowitz, dont il a eu Wolfgang, duc d'Ursel, ci-dessus nommé. »

M. le marquis de Mun eut trois enfants de Henriette-Emilie-Ferdinande d'Ursel, son épouse : 1° M. Adrien-Alexandre-Adélaïde-Henri de Mun, né le 17 octobre 1817 ; 2° Antonine-Flore de Mun, mariée à M. le marquis de Biron, chef de la famille de Gontaut-Biron ; 3° Alix-Adrienne de Mun, épouse de M. le comte de Montréal-Troisville, descendant du marquis de Troisville-le-Béarnais, un des compagnons de Henri IV. Il mourut, en 1843, à la suite d'une maladie dont la cause première remontait au jour où la perte de madame la marquise de Gontaut-Biron, sa fille, décédée sans enfants, fit une blessure si profonde à son cœur. Jamais nature ne sembla moins faite que celle du marquis de Mun pour la souffrance et pour les larmes. La bienveillance, dit une plume amie, la gaîté, la grâce qui appartenaient à l'amabilité d'une autre époque, unie à la bonté qui, en tout temps, est la plus noble preuve de l'esprit, tout cela éclatait en lui et communiquait aux autres cette sensation de bien-être qui est pour l'esprit ce qu'est pour les yeux la lumière d'un beau jour.

Ramené par les épreuves à une piété plus vivante que ne l'avait été celle de sa jeunesse, ajoute madame Craven, auteur de l'admirable et délicieux *Récit d'une sœur*, M. de Mun n'était pas cependant très accessible à ces impressions naturelles qui aident la prière en même temps qu'elles allégent le poids de la vie. « ..... Voici quelques paroles entendues près de cet ami mourant (t. II, p. 353) dont j'ai be-

soin de conserver le consolant et édifiant souvenir. Je lui
lisais peu d'heures avant sa mort le chapitre de l'*Imitation*
qui a pour sujet les *Joies du ciel*. Il m'arrêta au milieu de
ma lecture et me dit : « J'avais lu tout cela dans ma vie,
souvent, mais sans le comprendre. Je le comprends, maintenant, et je tiens à vous le dire. Et puis, avec cette sim-
plicité qui l'avait toujours caractérisé et qu'il conserva jusqu'à la fin, il ajouta : « Cela doit vous étonner tous, de me
voir tant de courage pour mourir ! Je ne m'y serais pas at-
tendu non plus; je crois que c'est mon bon La Ferronays
qui m'a obtenu cette grâce de Dieu..... » Nous le vîmes
mourir dans cette paix courageuse, ne parlant jusqu'à la
fin que pour donner à son fils des bénédictions répétées, à
sa femme et à ses amis les plus touchants témoignages de
tendresse et de reconnaissance ! »

M. Adrien-Alexandre-Adélaïde-Henri de Mun,

fils et héritier du marquis Jean-Antoine-Adrien de Mun,
était né, disons-nous plus haut, le 17 octobre 1817. Déjà,
avant la mort de son père, il avait eu la douleur de perdre
son épouse, Eugénie de La Ferronays, fille du comte de ce
nom qui joua un grand rôle sous la Restauration. Tour à
tour chargé d'affaires à Copenhague, ambassadeur en Russie,
représentant de la France au Congrès de Vérone, ministre
des affaires étrangères, M. de La Ferronays fut comme personnage politique, comme royaliste dévoué et chrétien convaincu, une des figures les plus remarquables de la société
française durant cette belle période. Sa seconde fille,
Eugénie de La Ferronays, devenue la comtesse de Mun,
était, de son côté, un modèle accompli de toutes les vertus.
Les célestes accents de cette âme d'élite passeront à la postérité dans les pages éloquentes que madame Craven lui a
consacrées dans les *Récits d'une sœur*. Les lettres d'Eugénie
de La Ferronays auxquelles on ne peut comparer que celles
de Ste-Thérèse, semblent animées d'un souffle séraphique
et laissent échapper un parfum qui n'est pas de la terre.
Aussi, cette grande chrétienne y passa-t-elle peu d'années,

car elle fut ravie par une mort prématurée à l'affection de sa famille, après avoir donné le jour à deux enfants, Robert et Albert de Mun. Ils étaient bien jeunes à la mort de leur mère; il fallait une main sûre pour les guider, une seconde mère leur était indispensable afin de faire épanouir dans leur cœur les germes de vertu qu'il plut à Dieu d'y déposer. Mademoiselle Claire de Ludre-Frolois, issue de la maison de Bourgogne, accepta la douce mission de remplacer Mademoiselle de la Ferronays auprès de ses enfants : elle donna sa main à M. Adrien, marquis de Mun. Le rayon de la famille s'étendit bientôt, car un frère et trois sœurs naquirent aux petits orphelins. Ce sont : Mademoiselle Antonine de Mun, aujourd'hui mariée à M. le comte Joseph d'Ursel, fils aîné du duc d'Ursel, comte du St-Empire, sénateur de Belgique; — 2° Mademoiselle Alix, épouse de M. le comte Pierre d'Harcourt, capitaine d'état-major, frère du duc d'Harcourt-Beuvron;—3° M. Bernard de Mun, entré au séminaire d'Issy en 1873, actuellement élève au Séminaire de St-Sulpice; — 4° enfin Mademoiselle Marie de Mun.

M. le marquis Adrien de Mun est toujours resté loin du tourbillon des affaires au milieu des révolutions qui s'accomplissent périodiquement en France depuis bientôt un siècle. Dévoué de cœur et de principes à la famille royale de Bourbon, jamais il ne put se résoudre à donner son concours actif ni à la monarchie de Juillet, ni à l'Empire, ni à la République, se bornant à subir ces formes de gouvernement qu'il croyait incompatibles avec la vraie grandeur de son pays. Etre maire de son village et travailler au bonheur de ses administrés, telle fut toujours sa seule ambition. Il s'est plu à peindre lui-même sa vie à Lumigny, au moment de bien cruelles émotions, dans un livre intitulé : *Un Château en Seine-et-Marne* (1). Cet ouvrage est le récit jour par jour des scènes désolantes dues à l'invasion de 1870. « On n'y trouve pas, dit l'auteur lui-même, ce chauvinisme banal sur lequel les orateurs de clubs, de journaux ou de balcon croient devoir entonner l'hymne d'un patriotisme peu dangereux; » mais on y rencontre une profonde indi-

(1) *Un Château en Seine-de-Marne*, 1870, chez Dentu, libraire-éditeur, Palais-Royal, 17 et 19, Galerie d'Orléans.

gnation contre les hommes qui ont passé ces temps doulou-
reux à édifier leur fortune politique pour doter, enfin, la
France du gouvernement que M. de Bismark lui souhaitait.

Tandis que M. le marquis de Mun, enfermé dans son
château, s'efforçait de servir son pays dans le rôle modeste
et ingrat qui lui était assigné, ses fils, dont nous savons déjà
les noms, se trouvaient dans les rangs de l'armée française,
chacun au poste d'honneur dicté par le patriotisme.

L'aîné,

M. Robert, comte de Mun,

veuf de mademoiselle Berthe Ladoucette, décédée sans
enfants, épousa en secondes noces la princesse Jeanne de
Beauvau, fille du prince de ce nom et de mademoiselle
d'Aubusson, après avoir servi plusieurs années dans le
3e régiment de chasseurs d'Afrique. L'amour de sa famille et
des trois enfants nés de son mariage avec mademoiselle de
Beauvau ne put le retenir à Lumigny quand l'ennemi foula
le sol de la patrie. Il parut donc à peine au château de son
père, le 27 août 1870, parla le soir au village assemblé à la
mairie expliquant la position des armées, ses espérances
pour l'avenir, et disparut aussitôt pour s'enrôler sous le
drapeau français. Il courut reprendre sa place, non « dans
ces corps hétéroclites affublés de noms de mélodrames,
Vengeur de la mort, etc., » cela ne pouvait convenir à sa
nature droite, mais dans l'armée régulière où il avait laissé
de si bons souvenirs. Il fut attaché au général Gudin, alors
à Rouen.

M. Robert, comte de Mun, est, avec son frère puîné, le
fondateur des cercles catholiques d'ouvriers auxquels il con-
sacre tout son temps et son travail. Il est maintenant pré-
sident de tous les cercles de Paris et joue, dès lors, un rôle
très important dans cette œuvre admirable dont le nom de
la famille de Mun est désormais inséparable.

Son frère,

M. Albert, comte de Mun,

marié à mademoiselle d'Andlau, fille de M. le comte
d'Andlau et de mademoiselle d'Orglandes, et père de trois
enfants bien jeunes encore, combattait sur un autre point.

Les commencements de M. Albert de Mun, c'est-à-dire
les premières années de sa vie, ne se distinguèrent de ceux
de la plupart des enfants que par une grande application
aux lectures sérieuses, signe manifeste d'une précoce matu-
rité d'esprit. Il était de la race des braves, il voulut servir
la patrie, à l'exemple de ses ancêtres. La carrière des armes
s'ouvrit devant lui avec tout ce qu'elle a d'attrayant pour
une âme virile et patriotique; aussi l'embrassa-t-il avec
l'ardeur d'un jeune chevalier et parcourut-il rapidement les
premiers degrés de la hiérarchie militaire. Entré à l'école
de Saint-Cyr en 1860, il passa ensuite plusieurs années en
Afrique et revint en France pour la guerre de 1870. M. Albert de Mun reçut à Metz la croix de la Légion d'honneur.
Témoin de sa conduite en face de l'ennemi, le général Changarnier lui adressa la lettre suivante, datée de Bruxelles :

« 23 novembre 1870.

» Monsieur,

» J'aurais manqué d'équité et je me serais refusé un plai-
» sir personnel si, trouvant l'occasion de parler de vous, je
» ne m'étais empressé de dire que, dans cette campagne dou-
» loureusement finie, mais pourtant glorieuse pour l'armée
» de Metz, je vous ai toujours vu alerte et intelligent dans
» l'accomplissement de vos devoirs. Vous êtes de ces officiers
» qu'un chef éclairé doit vite apprécier, estimer et aimer.

» Ne cessez jamais, monsieur, de compter sur mes sen-
» timents distingués et affectueux,

» CHANGARNIER. »

L'éloge est des plus flatteurs pour un soldat; on n'en
saurait trouver de plus complet en moins de lignes. M. le
comte Albert de Mun, après avoir servi la patrie sur les

champs de bataille, se sentit, un jour, poussé vers des combats nouveaux où le courage n'était pas moins nécessaire qu'en face du canon prussien. Il voyait la société râler, pour ainsi dire, sous les étreintes d'ennemis nombreux et redoutables. Il vola donc à son secours et se montra au milieu de la jeunesse catholique. Il avait déjà paru dans les *Cercles d'ouvriers* de Paris, de Lille, de Nancy, de Lyon, de Marseille et de Rouen, méritant partout les applaudissements les plus chaleureux, lorsqu'une bataille inattendue lui fut présentée dans la ville du Hâvre. L'officier qui avait montré son courage sur les champs de bataille fit preuve d'une bravoure encore plus rare : il marcha droit à son antagoniste. Un homme d'un talent incontestable, mais voué pour son malheur à la défense de la libre-pensée, l'avait précédé de quelques jours au Hâvre et, devant un auditoire composé de la fine fleur des athées, il avait, dit un journal catholique, « tortueusement exposé le programme révolutionnaire en l'appliquant plus spécialement à la question ouvrière. » Au lendemain de cette manifestation, se dévouer à combattre les doctrines qu'on y avait glorifiées, et, abordant le terrain même de l'adversaire, y porter nettement le programme de la *réforme catholique*, c'était sans doute une témérité. M. le comte Albert de Mun n'hésita pas cependant. Il devait s'attendre à des contradictions, à des huées, à des violences même de la part des hommes qu'il venait ainsi combattre. En effet, comprenant à quel point il importait que l'ouvrier, naturellement honnête, échappât à la noble séduction d'une parole qui est la loyauté même, les révolutionnaires avaient aposté, dans la salle où parlait l'orateur, des hommes à eux, dit M. Auguste Roussel, de l'*Univers*, chargés de provoquer le tumulte sur lequel ils comptaient pour étouffer sa voix. Mais ils connaissaient mal l'énergie de celui dont ils espéraient ainsi troubler le succès et décourager le zèle. Sachant, dès longtemps, regarder l'ennemi en face, M. de Mun fit tête aux interruptions, brava le tumulte, et finalement sa brave contenance imposa tellement aux interrupteurs que l'orateur catholique finit par arracher les applaudissements de la multitude enthousiasmée.

Tout le discours de M. Albert de Mun respirait un patriotisme sans mélange et marquait le programme de l'Eglise catholique dans son action sur l'ouvrier. Lisez plutôt les lignes suivantes empruntées à cette harangue chrétienne :

« Il a plu à Dieu d'aller chercher dans les camps les premiers serviteurs de notre œuvre, et c'est, sans doute, qu'il voulait par leurs leçons préparer des défenseurs à la patrie pour les combats de l'avenir. Nous ne faillirons point à notre tâche. Sans doute, nous voulons, et, avant tout, sauver les âmes de ces ouvriers que nous appelons à nous, mais nous voulons aussi en faire des soldats et travailler pour la France en jetant dans ses armées, quand le jour viendra, des hommes à fortes et fermes convictions. Quand nous allons dans nos cercles, nous n'y tenons pas école d'opinions libres, nous y enseignons, nous, qu'on doit croire en Dieu, qu'on n'a pas le droit de ne pas y croire. Nous y enseignons qu'on doit croire à la France, et si quelqu'un venait nous dire : « Ma conviction à moi, c'est qu'il n'y » a pas de frontières entre les peuples, » nous le mettrions sans hésiter hors de notre école. » Une triple salve d'applaudissements accueillit ces courageuses déclarations; les ouvriers saluèrent en M. de Mun leur guide et leur protecteur.

N'est-ce pas qu'un tel homme était digne de combattre sur un champ plus vaste encore et plus élevé?

On était à la veille des élections du 20 février. Trois colléges électoraux offrent spontanément le mandat de député à M. le comte Albert de Mun qui opte pour l'arrondissement de Pontivy, dans le Morbihan : il voulut représenter à l'Assemblée nationale les populations si morales et si religieuses de la Bretagne. La lutte n'était pas sans péril, puisque deux concurrents, soutenus par de puissants partis, lui disputaient l'honneur de siéger à la Chambre pour la circonscription de Pontivy. Loin de recourir aux équivoques ou aux compromis afin de mieux assurer son triomphe, M. le comte de Mun pose carrément sa candidature essentiellement catholique dans une profession de foi claire, noble, fière, intelligente, chrétienne pour tout dire en un mot.

C'était la *profession de foi* d'un homme de foi qui dit ce qu'il croit parce qu'il y a reconnu la vérité, et ce qu'il veut faire parce qu'il y a reconnu le devoir. « En l'écoutant, dit M. Louis Veuillot, on sent que cet homme est porteur d'un mandat impératif. Il l'a reçu de Dieu. » Selon l'illustre rédacteur en chef de l'*Univers*, un candidat ne peut mieux parler à ses électeurs: Par ce langage, il les honore autant que lui-même. Il ne veut pas les séduire, il ne s'avilit pas. Point de flatteries, point de bassesses, point de promesses téméraires ou mensongères. Du reste, voici les paroles mêmes de M. le comte de Mun (*Univers*, 16 février 1876) :

« *Aux électeurs de l'arrondissement de Pontivy.*

» Messieurs,

» Une réunion considérable d'électeurs, représentant tous les cantons de l'arrondissement de Pontivy, a bien voulu m'offrir, à l'unanimité, une candidature à la députation; j'ai répondu sans hésiter à leur appel, et j'ai accepté comme un devoir l'honneur qui m'était fait. Je n'étais connu de la plupart d'entre eux que pour avoir mis dans ces dernières années mon dévouement et mon travail au service de la cause catholique : c'est à ce titre qu'ils m'ont appelé, et c'est à ce titre que j'ai accepté.

» Convaincu que la foi catholique est dans l'ordre social aussi bien que dans l'ordre politique la base nécessaire des lois et des institutions; que, seule, elle peut porter remède au mal révolutionnaire, conjurer ses effets et assurer ainsi le salut de la France, j'ai la ferme résolution, quel que soit le terrain où Dieu m'appelle à le servir, de me dévouer sans réserve à la défense de ces principes. C'est surtout dans les Assemblées législatives qu'il importe de les affirmer et d'en revendiquer l'application, et c'est ce mandat que je suis prêt à remplir, si vous voulez bien me le confier. La Révolution cherche aujourd'hui à consommer son œuvre de destruction en portant les derniers coups à la religion de nos pères, et de toutes parts ceux qui parlent en son nom déclarent ouvertement la guerre au catholicisme. La lutte est désormais nettement engagée sur ce terrain, et la question religieuse domine de toute sa hauteur les questions politiques. L'heure est donc venue pour les catholiques de lever hardiment leur drapeau, de se grouper entre eux et de s'opposer résolûment aux entreprises de leurs adversaires.

» Seuls, ils peuvent élever un rempart contre le désordre, parce que seuls ils ont des principes nets et définis. Le libéralisme a fait aujourd'hui ses preuves, et, quel que soit le masque qu'il ait revêtu, il est resté frappé d'impuissance. En séparant la religion de la société civile, il a livré celle-ci, sans défense, aux attaques de ses ennemis, et la sécurité publique elle-même, qu'il prétendait garantir, s'est trouvée perdue ou compromise.

» C'est donc aux catholiques à prendre en main la défense de l'ordre social, et en sauvegardant leur religion, ses droits et sa liberté, en assurant l'éducation chrétienne de leurs enfants, en restituant à Dieu sa place dans les lois de leur pays, à rendre à la France la paix et la stabilité dont elle a tant besoin.

» Il était digne des Bretons de donner un tel exemple, et c'est un insigne honneur pour moi d'avoir été choisi pour soutenir leur étendard.

» Si Dieu permet que je le porte jusque dans la future assemblée, soyez assurés que je le tiendrai haut et ferme, quoi qu'il doive arriver.

» Vous avez le droit de me demander d'autres engagements; ce ne serait pas assez pour votre député de servir les intérêts généraux du pays et de défendre votre foi : il se doit encore à vos intérêts particuliers et matériels.

» Un chrétien ne fait point son devoir à moitié, et ce n'est pas en servant Dieu qu'on apprend à oublier son prochain. Investi de votre confiance, je ferai donc tout ce qui sera en mon pouvoir pour vous venir en aide et exercer ainsi le devoir de ma charge. Vous aimez mieux, j'en suis sûr, cette simple et loyale parole que les longues et chimériques promesses par lesquelles, trop souvent, on cherche à tromper les électeurs.

» Si je ne suis point né dans vos campagnes, j'ai cependant éprouvé, en les parcourant, qu'un chrétien n'est point un étranger parmi des chrétiens, et quelle que soit l'issue de cette lutte électorale, je conserverai une profonde reconnaissance et un ineffaçable souvenir de l'accueil que j'ai trouvé au milieu de vous; je veux surtout offrir ici un public hommage de ma gratitude à Messieurs les membres du clergé qui ont bien voulu me recevoir avec tant de confiance et d'affection. Fort de leur témoignage, j'ai le droit de dire que je suis le candidat des catholiques dans votre arrondissement, et c'est à eux que je m'adresse, en terminant, pour leur demander d'assurer à notre cause commune un triomphe éclatant.

» Pontivy, le 13 février 1876.

» Comte Albert DE MUN,
» Ancien officier de cavalerie. »

On le voit, M. le comte Albert de Mun est tout d'une pièce. Il est catholique et Français et il n'est que cela. Le brave général qui l'avait solennellement félicité au lendemain des désastres de la guerre, ne put s'empêcher d'applaudir au courage de l'ancien capitaine de Metz. Il lui adressa donc les lignes suivantes après le premier tour de scrutin :

« Cher Comte,

» Le scrutin du 5 mars vous enverra, je l'espère, à la Chambre des députés où votre voix éloquente, toujours bien inspirée, défendra la France et la Religion.

» Vous ne vous laisserez pas plus intimider par la tribune que par le canon prussien dans les grandes journées du 16, du 18 août, du 1er septembre et dans vingt combats où je vous ai vu ferme, calme et intrépide.

» Personne ne fait plus de vœux pour le succès de votre candidature que le plus vieux de vos camarades de l'armée du Rhin.

» CHANGARNIER. »

Les vœux du vaillant général furent exaucés. Ballotté dans les élections du 20 février, M. le comte de Mun sortit vainqueur du scrutin du 5 mars. Son succès parut un triomphe pour le parti catholique, la Révolution le considéra comme une calamité publique et jura ses grands dieux de poursuivre de sa haine le député breton. Toutes les batteries de la libre pensée furent dressées, en conséquence, contre M. Albert de Mun dans la séance du 24 mars 1876. S'il devait tomber sous un coup de force, le représentant de Pontivy ne voulut pas, du moins, tomber sans avoir glorieusement combattu. Il monta donc à la tribune et il parla. Il dit le mandat qu'il avait reçu et de qui il l'avait reçu. Sa voix était claire, ajoute le correspondant de l'*Univers*, comme la lumière, son langage calme et riche comme la vérité. On sentait, en l'entendant, qu'il puisait son inspiration ainsi que la forme qu'elle revêtait à la source antique, d'où sortirent toute notre belle littérature et les mille fleurs dont notre ciel français est émaillé. Les esprits révolutionnaires cédaient malgré eux au charme de cette parole chrétienne et chevaleresque.

Mais quand le jeune orateur affirmait les droits de l'Eglise, la liberté de son apostolat, l'indépendance de son action, alors la haine révolutionnaire faisait explosion et l'athéisme jacobin faisait entendre dans les rangs pressés des libres penseurs ses hurlements entrecoupés de rancunes. Alors, M. de Mun, sans se troubler et ravivant sa force et son ardeur par la pensée toujours présente de la mission qu'il remplissait, devenait plus précis et plus net dans ses affirmations et ses réclamations.

Mais la lutte était inégale. Contre un, ils étaient 400!!... Matériellement il fut vaincu, moralement il fut vainqueur. Soumise à une enquête, l'élection de Pontivy a été cassée par un nouveau coup de majorité au mois de juillet 1876. Le triomphe des ennemis de M. le comte de Mun ne pouvait être de longue durée, car les catholiques du Morbihan, l'œil fixé sur le nouveau rayon que leur représentant venait d'ajouter à sa gloire par ses brillants débuts oratoires, l'ont envoyé une troisième fois au milieu même de l'Assemblée qui l'avait *expulsé* de ses rangs.

6

« Nous ignorons, disait M. Louis Veuillot, le 26 mars
» 1876, ce que l'avenir réserve à M. de Mun, mais il est
» certain que la Providence ne le traite pas comme le pre-
» mier venu. Il semble qu'elle se prépare à faire quelque
» chose de lui. C'est quelque chose d'être désigné parmi
» ceux en qui une nation s'accutume à espérer, même quand
» cette nation n'est que la pauvre France. »

Ces paroles du grand écrivain nous paraissent une pro-
phétie : nous nous plaisons à voir un des futurs restaura-
teurs de nos gloires nationales dans le brave chevalier du
Syllabus!

FIN.

GÉNÉALOGIE DE LA MAISON DE MUN.

Afin qu'on puisse voir d'un coup d'œil l'ensemble de la généalogie de la famille de Mun, nous donnons ici la nomenclature des membres de cette antique maison, en la dégageant de tout détail biographique :

1° AUSTOR DE MUN, vers 1180.

2° FORTELS DE MUN vivait à la même époque.

3° ASTER DE MUN, né vers l'an 1200.

4° ROBERT DE MUN, évêque de Puy de 1213 à 1219.

5° BERTRAND DE MUN, chevalier, né vers 1248, eut pour fils :

6° AUSTOR II DE MUN, damoiseau.

7° BERTRANDE II DE MUN vivait en 1300.

8° AUGER DE MUN, chevalier, né vers 1335.

9° BERTRAND III DE MUN, né vers 1370, épousa demoiselle Bertrande de La Barthe.

10° ODET ou ODON DE MUN, chevalier, eut trois enfants :
>   1° Arnaud-Guillaume;
>   2° Arnaud de Mun;
>   3° Bertrande de Mun.

11° ARNAUD-GUILLAUME DE MUN, époux de Marguerite de Villambits, eut pour enfants :
>   1° Aner de Mun;
>   2° Bertrand de Mun.

12º ANER DE MUN eut pour épouse Florette de Monlezun. Leurs enfants sont :

> 1º Odet de Mun;
> 2º Auger de Mun;
> 3º Marie de Mun.

13º ODET II DE MUN épousa Gabrielle de Labarthe dont il eut :

> 1º Barthélemy de Mun;
> 2º N.....
> 3º N.....

14º BARTHÉLEMY DE MUN, marié avec Paule de La Pène, devint père de :

> 1º Jean de Mun;
> 2º Alexandre de Mun, auteur de la branche de Sarlaboux;
> 3º Jean-Blaise de Mun;
> 4º Georgette de Mun;
> 5º Miramonde de Mun.

15º JEAN DE MUN épousa Magdeleine de Goirans dont il eut :

> 1º Jean-Jacques de Mun;
> 2º Roger de Mun;
> 3º Marguerite de Mun.

16º JEAN-JACQUES DE MUN eut pour épouse Louise de Léomont qui lui donna quatre enfants, ce sont :

> 1º Alexandre de Mun;
> 2º Jean de Mun;
> 3º Jean de Mun;
> 4º Magdeleine de Mun.

17º ALEXANDRE DE MUN, marié à Marie-Anne de Luppé, eut pour fils unique :

18º JEAN-PAUL, mort sans postérité et dernier rejeton de la branche aînée de Mun.

BRANCHE DE MUN-SARLABOUX.

1º ALEXANDRE DE MUN eut de sa femme Jacquette de Cardeillac :

    1º Alexandre de Mun;

    2º Bernard de Mun;

    3º Anne de Mun;

    4º Jeanne de Mun;

    5º Marguerite de Mun;

    6º Catherine de Mun;

    7º Marie de Mun;

    8º Charlotte de Mun.

2º ALEXANDRE II DE MUN épousa Jeanne de Caliége qui lui donna :

    1º Alexandre III de Mun;

    2º Jean-Réné de Mun;

    3º César de Mun;

    4º François de Mun;

    5º Thérèse de Mun;

    6º Anne de Mun;

    7º Catherine de Mun;

    8º Jeanne de Mun.

3º ALEXANDRE III DE MUN eut de Brandelise de Lamarque :

    1º Pierre-Alexandre de Mun;

    2º César de Mun;

    3º Jean-Louis de Mun;

    4º Julienne de Mun;

    5º Isabeau de Mun.

4º PIERRE-ALEXANDRE DE MUN, marié à Michelle du Filhol de Cardeillac, eut douze enfants :

    1º Jacques-Alexandre;

    2º Jean-Antoine;

    3º Charles de Mun;

4° Alexandre-François, auteur de la branche cadette actuelle de Mun;

5° Bernard de Mun;

6° François de Mun;

7° Elisabeth-Françoise;

8° Marie-Anne;

9° Jeanne-Marie de Mun;

10° Anne-Alexandrine de Mun;

11° Bernarde-Elisabeth de Mun;

12° Anne-Henriette de Mun.

5° JEAN-ANTOINE DE MUN, époux de Catherine de Binos, a eu pour enfants :

1° Alexandre-François de Mun;

2° François-Antoine de Mun;

3° Pierre-Jean-François de Mun;

4° Marie-Jeanne de Mun;

5° Marie-Brigitte-Alexandrine de Mun;

6° Marie-Françoise-Jeanne-Fortunée de Mun;

7° Marie-Louise-Rosalie de Mun;

8° Elisabeth - Charlotte - Paule - Nicolas - Sophie - Melchior de Mun;

9° Armande - Alexandrine – Andrée - Françoise - Honorée-Charlotte-Julie de Mun.

6° FRANÇOIS-ANTOINE DE MUN, dit le comte de Sarlaboux, né en 1760, épousa Marie-Anne de St-Félix, dont il eut :

1° M. Jules-Célestin-Fortuné, marquis de Mun-Sarlaboux, né le 10 janvier 1810;

2° Mlle Marie-Alexandrine de Mun, née en 1803, morte en 1868;

7° M. JULES-CÉLESTIN-FORTUNÉ, marquis DE MUN-SARLABOUX, a épousé Mlle Marie-Anne de Montaut-Brassac. — M. Jules-Célestin-Fortuné de Mun est le seul représentant actuel de la branche aînée de la maison de Mun-Sarlaboux.

BRANCHE CADETTE DE MUN

Ayant pour auteur :

1° ALEXANDRE-FRANÇOIS DE MUN, époux de Charlotte-Helvétius, dont il eut :

 1° Claude- Adrien de Mun;

 2° Claire-Julie de Mun.

2° M. LE MARQUIS CLAUDE-ADRIEN DE MUN, marié avec Mlle Flore-Emilie d'Ursel, eut trois enfants :

 1° Adrien-Alexandre-Adélaïde-Henri, marquis de Mun;

 2° Antonine-Flore de Mun, comtesse de Biron;

 3° Alix-Adrienne de Mun, comtesse de Montréal.

3° M. LE MARQUIS ADRIEN-ALEXANDRE-ADÉLAÏDE DE MUN a eu pour enfants, de Mlle Eugénie de La Ferronays, sa première épouse :

 1° M. Robert de Mun;

 2° M. Albert de Mun,

et de Mlle Claire-de-Ludre-Frolois, sa seconde épouse :

 1° Mlle Antonine de Mun;

 2° Mlle Alix de Mun;

 3° M. Bernard de Mun;

 4° Mlle Marie de Mun.

4° M. ROBERT DE MUN a eu de la princesse Jeanne de Beauveau, son épouse, trois enfants :

 1° Adrien;

 2° Marie-Eugénie;

 3° Alexandrine.

5° M. ALBERT DE MUN, marié à Mlle d'Andlau, a eu trois enfants :

 1° Antonin, mort à l'âge de 4 ans et demi;

 2° Bertrand;

 3° Henri. — Ce dernier est filleul du comte de Chambord.

ARMOIRIES DE LA MAISON DE MUN.

Voici les armoiries de la famille de Mun et des principales maisons alliées avec elle depuis le XIV⁰ siècle :

MUN,

D'azur au monde d'argent cintré et croisetté d'or. — Supports : Un lion et un griffon. — Devise : *Nil ultra*.

MUN-SARLABOUX,

Ecartelé, au 1ᵉʳ et au 4ᵉ d'azur au monde d'or; au 2ᵉ d'or à un arbre arraché de sinople, et au 3ᵉ d'azur à la cloche d'argent.

CARDEILLAC-SARLABOUX,

D'azur à une tige de trois chardons d'or feuillée de sinople.

4° Bertrande de Labarthe, épouse de Bertrand III de Mun, porte : D'or à 3 pals de gueules, écartelé d'argent à 3 pointes de fumée d'azur qui est de Fumel.

5° Florette de Monlezun, épouse de Aner de Mun, por-

ARMOIRIES

DE

LA MAISON DE MUN

(Voir l'explication aux pages 88 à 92 inclusivement.)

Baroise   Toulouse

tait : D'argent au lion de gueules, à l'orle de 9 corneilles de sable becquées et membrées de gueules.

6° Marguerite de Villambits, épouse d'Arnaud-Guillaume, portait : De gueules à la croix d'argent.

Marguerite était fille de Brunette de Barbazan, dont les armes étaient : D'azur à la croix d'or.

7° Gabrielle de Labarthe, femme d'Odet II de Mun, portait : Ecartelé, au 1er et au 4e d'or à 3 pals de gueules, au 2e et au 3e d'argent à 3 pommettes de fumée.

8° Paule de La Pène, femme de Barthélemy de Mun, portait : D'azur à 3 pals d'or.

9° Paule de La Pène était fille de dame Izabeau de Saint-Lary-Bellegarde, dont les armes étaient : D'azur, au lion d'or couronné.

10° Dame de Saint-Lary-Bellegarde était fille elle-même de Miramonde de Lagorsan, dont les armes étaient : D'azur, à la cloche d'argent, bataillée de sable.

11° Georgette de Mun se maria avec noble Joseph d'Astorg, qui portait : D'argent, à l'aigle éployée de sable.

12° Madeleine de Goiran, femme de Jean de Mun, portait : Ecartelé, au 1er et 4e de gueules au lion d'or, au 2e et au 3e d'azur, à trois bandes d'or.

13° Paule d'Ustou, femme de Roger de Mun, portait : D'or, au taureau effarouché de gueules.

14° Marguerite de Mun, épouse de Jean de Lupé, portait : D'azur, à 3 bandes d'or.

15° Louise de Léomon, femme de Jean-Jacques de Mun, portait : D'azur, au faucon d'argent, grilleté de sable.

16° Magdeleine de Mun, épouse de François de Verduzan, portait : D'azur, à 2 besants d'argent posés en pal.

7

17° Jacquette de Cardeillac, épouse d'Alexandre de Mun et fille de Cardeillac-Sarlaboux, portait : D'azur, à la tige de chardon à 3 boutons ou pommes d'or, feuillée de sinople.

18° Jeanne de Caliége, mère de Jacquette de Cardeillac, portait : De sinople, à 2 tours d'argent en fasce.

19° Anne de Mun, épouse de Jean de Fosseries, portait : De gueules, à la croix d'argent chargée en cœur d'un léopard d'azur.

20° Jeanne de Mun, femme d'Antoine de Verdelin, portait : D'or, à la fasce de sinople surmontée d'un oiseau verdelet de même.

21° Gabrielle-Monlezun-de-Mauléon, épouse d'Alexandre II de Mun, portait : De gueules, au lion d'or.

22° Gabrielle Monlezun était fille de dame Catherine de Tersac de Montbéraut, dont les armes étaient : De gueules, à la fasce au tiercé d'or, au chef d'azur chargé de trois fleurs de lis d'or.

23° Brandelise de Lamarque, épouse d'Alexandre III de Mun, portait : D'azur à la bande d'or accolée de deux lions rampants de même.

24° Brandelise de Lamarque était fille de Julienne de Timbrune-Valence, qui portait : D'azur, à la bande d'or accolée de fleurs de lys du même.

25° Michelle de Filhol de Caillavet, épouse de Pierre-Alexandre de Mun, portait : D'azur, à trois serres d'or, écartelé de Monlezun-Pardiac.

26° Michelle de Filhol avait pour mère Elisabeth de Batz, fille elle-même de demoiselle Pardeillan, dont les armes étaient : D'argent, à trois fasces ondées d'azur.

27° Catherine de Binos, épouse de Jean-Antoine de Mun, portait : D'or, à la roue de gueules, soutenue d'un chardon de sinople.

28º Charlotte-Helvétius, épouse d'Alexandre-François de Mun, portait : De sinople, à une colombe d'argent tenant dans son bec un annelet d'or, posée sur une montagne de trois monts d'argent.

29º Le marquis de Gontaut-Biron, marié à l'une des filles d'Alexandre-François de Mun, avait pour armes : un écu en bannière, écartelé d'or et de gueules.

30º Le comte Montréal-Béarnais, époux de la seconde fille d'Alexandre-François de Mun, portait : D'argent, à la croix de gueules, chargée en fasce et en cœur d'un lion léopardé rampant d'argent accosté et assailli de deux griffons rampants aussi d'argent.

31º Mademoiselle Eugénie de La Ferronays, épouse de M. Adrien-Alexandre-Adélaïde-Henri, marquis de Mun, portait : D'azur, à six billettes d'argent 3, 2 et 1; au chef cousu de gueules, chargé de trois annelets d'argent.

32º Mademoiselle Claire de Ludre-Frolois, épouse en secondes noces de M. Adrien-Alexandre-Adélaïde-Henri de Mun, porte : Bandé d'or et d'azur, à la bordure engrelée de gueules.

33º Mademoiselle Jeanne de Beauvau, fille du prince de Beauvau et épouse de M. le comte Robert de Mun, a pour armes : D'argent, à quatre lions de gueules cantonnés.

34º Mademoiselle Simone d'Andlau, fille du comte Richard d'Andlau et épouse de M. le comte Albert de Mun, porte : D'or, à la croix de gueules.

35º M. le comte Pierre d'Harcourt Beuvron, marié à mademoiselle Alix de Mun, porte : Ecartelé, au 1 d'Harcourt, brisé d'un lambel de 3 pendants d'argent; au 2 bandé d'azur et d'or qui est Ponthieu; au 3 d'or à la fleur de lys de gueules qui est de Tilly; au 4 de gueules à 3 fermeaux d'or qui est de Graville.

36º M. le comte Joseph d'Ursel, marié à mademoiselle

Antonine de Mun, porte : De gueules au chef d'argent chargé de trois merlettes de sable.

37° Marie-Anne de Saint-Félix, épouse de François-Antoine de Mun-Sarlaboux, portait : D'azur, au levrier colleté de gueules, bordé, bouclé et noué d'or. Une branche porte : au 1er de gueules coupé d'argent à six merlettes de l'un et de l'autre, au 2e comme ci-dessus.

38° Mademoiselle Marie-Anne de Montaut-Brassac, épouse de M. Jules-Célestin-Fortuné, marquis de Mun-Sarlaboux, a pour armes : Ecartelé, au 1 et 4 d'or au pin de sinople accosté de deux merlettes de sable sur un monceau du même; au 2e et 3e d'argent à la fasce de gueules.

www.ingramcontent.com/pod-product-compliance
Lightning Source LLC
Chambersburg PA
CBHW052058270326
41931CB00012B/2812